챗GPT
업무 활용 마스터

챗GPT 업무 활용 마스터

2024년 4월 5일 초판 발행
2025년 2월 24일 2판 발행

지 은 이 강승우, 박소민
발 행 인 이희태
발 행 처 삼일피더블유씨솔루션
등록번호 1995.6.26.제3-633호
주   소 서울특별시 용산구 한강대로 273 용산빌딩 4층
전   화 02)3489-3100
팩   스 02)3489-3141
가   격 20,000원

ISBN 979-11-6784-347-0   13000

개정판

챗GPT
업무 활용 마스터

기업 내 언어모델 도입과 활용을 위한 실전 가이드

강승우 · 박소민 지음

SAMIL | 삼일인포마인

추천사

예전부터 상상만 해 오던 일들이 이제 현실에서 볼 수 있는 일들이 많이 있다. 누가 ChatGPT를 활용하느냐가 아닌 누가 더 잘 활용하느냐가 그 사람의 능력이 될 것이다.
단순 번역이나 검색부터 복잡한 프로그램의 작성, 이미지 생성 등 실제 업무에 활용할 수 있는 방법에 대해 잘 설명해 주고 있다.
우리 인간의 평균 생산성이 상향 평준화되고, 업무 스트레스를 상당부분 줄일 수 있는 비밀 무기에 대한 잘 정리된 사용설명서를 가진 것 같다.

이 책은 ChatGPT를 포함한 여러 언어 기반 AI를 업무에 효과적으로 적용하는 방법에 대한 구체적인 메뉴얼과 다양한 예시를 제시한다. 독자들이 업무를 효율적으로 처리할 수 있도록 실용적인 가이드를 제공하며, 실제 업무 상황에서 발생할 수 있는 문제들에 대한 해결책도 제시하여 AI 모델을 보다 효과적으로 활용할 수 있게 한다. 효율적인 업무처리를 원한다면 꼭 읽어야 할 교과서 같은 책이다.

추천사

이혜린 (사회초년생)

취업 준비생 시절, 나는 ChatGPT에게 자기소개서 첨삭을 부탁하고 면접 답변을 검토받곤 했다. 이 혁신적인 기술은 대가 없이, 즉각적으로 부족한 부분을 알려주는 훌륭한 1:1 멘토 역할을 해주었다. 이 책은 ChatGPT의 역사와 기반 기술부터 시작하여, 어학 공부법, 재무제표 분석법 등 이를 활용할 수 있는 다양한 방법을 예시와 함께 소개한다. 그야말로 ChatGPT 활용을 위한 술술 읽히는 입문서이자 요약서이다. ChatGPT 애용자로서 해당 기술의 사용 유무는 스마트폰 사용 유무만큼, 어쩌면 그 이상의 큰 차이가 있다고 해도 과언이 아니라고 생각한다. 이 책을 통해 더 많은 분들이 ChatGPT라는 날개를 달아보는 경험을 하길 바란다.

김예은 (사회초년생이자 ChatGPT 입문자)

ChatGPT의 등장 이후, 간단한 글쓰기부터 매우 복잡한 작업까지, 곳곳에 인공지능이 빠르게 스며들고 있다.
앞으로도 인공지능 기술은 더욱 다양한 분야에 활용되며 우리의 일상에 한 발짝 더 가까워질 것이다.
이 책을 ChatGPT의 첫걸음부터, 심화적인 내용까지 단번에 살펴보고자 하는 사람들, 업무에 ChatGPT를 활용하기 위한 준비가 필요한 사람들에게 필수적으로 권하고 싶다.
ChatGPT의 기본 개념은 물론이고, 구체적인 활용 분야 및 응용 방법까지 꼼꼼하고도 상세히 짚어주는 매우 친절한 책이다.

신O정 (서울대학교 도서관 사서)

몇 년 전, ChatGPT라는 생소한 용어가 들려오던 때가 기억난다. 이제 ChatGPT는 우리 삶에 가까운 도구로 자리 잡았다. ChatGPT를 활용하면 수많은 일들이 가능하지만 가장 중요한 것은 '어떻게' 이를 활용하느냐는 것이다.

ChatGPT를 어떻게 활용해야 할까? ChatGPT에게 간단히 메시지만 보내면 답을 받을 수 있는 쉬운 방식이니, 여러 시행착오를 통해 직접 알아갈 수도 있을 것이다. 하지만 여러 시행착오를 겪기에는 투자한 시간과 노력이 아깝지 않은가? 이제는 '요령'이 필요할 때이다. 잠시 시간을 내어 저자와 함께 ChatGPT를 활용해 보자. ChatGPT에 대해 하나라도 더 알려주고자, 저자는 한 책에 유용한 설명을 풍부하게 담았다. 빠르게 원하는 부분만 콕 집어서 보아도 되지만, 저자를 믿고 차근차근 한 챕터씩 나아가다 보면 ChatGPT를 통해 누구보다 원하는 결과를 정확히 얻을 수 있을 것이다.

서문

2025년 현재, 인공지능 기술의 발전으로 인해 우리의 삶은 많은 변화를 겪고 있다. 그 중에서도 ChatGPT와 같은 언어 인공지능 기술은 최근 발전을 거듭하고 있다. 이와 같은 자연어 처리 기술은 인간과 기계 간의 소통을 더욱 원활하게 만들어주는 중요한 역할을 한다.

본 책은 이러한 혁신적인 기술인 ChatGPT를 자세히 이해하고 활용하는 방법에 대한 심층적인 내용을 다루고자 한다.

1부에서는 ChatGPT의 기초적인 이해를 위해 필수적인 내용을 다루고 있다. ChatGPT와 같은 현대의 자연어처리(NLP : Natural Language Processing)의 발전 과정과 함께, 동작 원리를 이해할 수 있는 핵심 기술인 다음의 5가지 개념을 살펴본다.

토큰화(Tokenization) : 문장을 인공지능이 처리하는 작은 단위(토큰)로 쪼개기.

임베딩(Embedding) : 문장을 컴퓨터가 사용하는 숫자로 변환.

어텐션(Attention) : 임베딩 된 문장에서 단어가 다른 단어들과 상호작용하는 방식을 찾는 인공지능 기술

프리-트레이닝(Pre-Training) : 인공지능 모델을 학습시키는 과정

전이학습(Transfer Learning) : 이미 학습된 인공지능 모델을 활용하여 새로운 인공지능 모델을 학습시키는 기술

이와 더불어 ChatGPT를 포함한 주요 생성형 AI 사용법을 소개한다.

2부에서는 ChatGPT를 실제 업무에 활용하는 방법을 다루고 있다. 프롬프트 작성 팁, 기본 활용 방법, 확장프로그램을 활용한 기능 강화, 시각화 코드 생성, 보도자료 작성, 기획안 작성 등 다양한 활용 사례를 제시한다. 또한 회사에서 업무에 도입하기 위한 절차와 고려 사항을 다룬다. 2부에서 다루게 되는 주된 내용은 다음과 같다.

프롬프트 작성 팁 : ChatGPT프롬프트의 구성과 작성 원칙

ChatGPT 기본 활용 : 이메일 작성, 문서 작업, 번역 등 일상적인 작업 수행

ChatGPT 고급 활용 : 보도자료 작성, 기획안 작성, 재무 분석 등 기업과 조직의 업무 수행

사내 정보 기반 생성 : 기업 내의 데이터를 활용한 질의 응답

기업 도입 시 고려 사항 : 대상 업무, 모델 선정, 프로젝트 팀 구성 등 도입 시 고려 사항

　　3부에서는 ChatGPT를 활용할 때 주의해야 할 사항과 미래의 가능성을 살펴본다. 환각, 지식 단절, 보안, 저작권 등과 같은 LLM의 유의사항과 함께, ChatGPT의 신기능인 GPT-4 Turbo에 대해서도 소개하고 있다. 마지막으로, 이러한 기술적 혁신들이 가져올 미래의 도전과 기회에 대한 결론을 제시하고 있다. 여기에서 다루는 내용은 다음과 같다.

환각(Hallucination) : 사실이 아닌 잘못된 정보를 제공하는 문제와 그에 대한 대응 방법

지식 단절(Knowledge Cut-Off) : 특정 모델이 갖고 있는 정보의 한계점

보안(Security) : 개인정보나 기업의 비밀 등이 유출 가능성

저작권(Copyright) : 인공지능 훈련 데이터 및 생성 결과물의 저작권 문제

　　본 책은 ChatGPT를 이해하고 활용하기 위한 기본적인 가이드로서, 누구나 쉽게 이해할 수 있도록 구성하고자 했다. 독자 여러분의 업무와 생활에서 ChatGPT를 유용하게 사용하는 데에 도움이 되기를 바란다.

　　끝으로 책이 나오기까지 도움을 주신 모든 분들께 감사의 말씀을 전한다.

저자 강승우 드림

서문

　2025년, ChatGPT는 단순한 챗봇 서비스를 넘어 나를 위한 어시스턴트, 나만의 비밀 무기로 떠오르고 있다. 현재 대형 언어 모델의 발전 추세를 보았을 때, ChatGPT를 잘 활용하는 능력이 곧 다가오는 미래시대의 필수적인 경쟁력이 되지 않을까 생각한다.

　저자의 ChatGPT 활용 노하우는 "2부 ChatGPT 활용" 파트에서 자세히 다루고 있다. 일상에서 두루 적용할 수 있는 ChatGPT의 기본 활용 방법부터 홍보/기획/마케팅/재무/회계 직군 직장인을 위한 업무적 활용까지의 내용에 대해 살펴본다. 비전공자여도 책의 내용을 쉽게 이해하고 따라할 수 있도록, 이론과 실습을 구성했다. 일상에서 짬짬이 시간이 날 때마다, 혹은 업무가 잘 되지 않을 때 하나씩 실습을 따라하다 보면, 어느 순간 ChatGPT 활용 마스터가 되어있을 것이다.

　이 책에 나오는 프롬프트를 기반으로 삼아, 독자 여러분이 직접 더욱 정밀한 답변 결과를 가져오는 프롬프트로 발전시킬 수도 있을 것이다. 책에 등장하는 프롬프트는 독자 여러분에게 언제나 열려 있으니, 자신의 분야에 맞게 자유롭게 사용하시면 된다. 끊임없이 변화하는 대형 언어 모델의 트렌드에 맞추어, 여러분들도 프롬프트 상상의 나래를 마음껏 펼쳐 보시기 바란다.

마지막으로, ChatGPT를 통해 지루하고 반복적인 업무에서 벗어나 더 생산적인 업무 환경을 구축하고, ChatGPT가 인간의 삶을 더 편리하고 풍부하게 만들어주는 도구로 발전되기를 희망하며 저자의 말을 마친다.

그리고, 이 책이 출판되기까지 도움을 주고 응원해주신 모든 분들께 감사하는 마음을 전한다.

저자 박소민 드림

목차

3부 | 활용 유의사항과 미래

1부

자연어 처리와
ChatGPT

자연어 처리와

ChatGPT

1 ChatGPT 개요

자연어 처리 (NLP : Natural Language Processing)

　자연어 처리(NLP)는 인공지능의 한 분야로, 컴퓨터를 이용하여 인간의 언어를 이해하고 분석하는 기술이다. 자연어 처리 기술은 1950년대부터 연구되기 시작하여, 지금의 ChatGPT로 발전했다. 그 과정을 간단히 정리하면 다음과 같다.

　초기 연구 : 1950년대부터 1970년대까지, 자연어 처리 연구는 주로 언어학적인 이론과 컴퓨터 프로그래밍 기술을 이용하여 이루어졌다. 문장의 구조와 의미를 분석하는 방법으로 자연어 처리를 시도하였다.

　기계 학습(Machine Learning) 도입 : 1980년대부터 1990년대까지, 기계학습 기술이 자연어 처리에 도입되었다. 문장의 패턴을 학습한 머신러닝 모델을 사용하여 문서 분류, 문장의 의미추론방법이 개발되었다.

　빅데이터 활용 : 인터넷의 발전으로 빅데이터가 화두가 된 2000년대부터 2010년대까지는 대량의 데이터 분석 기반 자연어 처리 기술이 발전하였다. 인터넷에서 수집한 대량의 텍스트 데이터를 이용하여 문장의 의미를 분석하고, 자동으로 번역하는 등의 기술이 개발되었다.

딥러닝(Deep Learning) 기술 도입 : 2010년대 딥러닝 기술 도입으로 자연어 처리는 큰 발전을 이뤘다. 특히 2013년 Word2Vec 임베딩(Embedding) 기술과 2017년 어텐션(Attention) 및 트랜스포머(Transformer) 기술로 단어 간의 상관 관계가 수치화되고 언어의 중의적 표현을 처리할 수 있었다. 이를 계기로 인공지능은 문장의 의미를 더욱 정확하게 분석하고, 자연스러운 문장을 생성하게 되었다.

ChatGPT의 등장 : 2022년 OpenAI는 인간의 질문에 답하는, 인공지능 기반의 자연어 처리 모델 ChatGPT를 출시하였다. ChatGPT는 딥러닝 기술을 사용하여 대량의 텍스트 데이터를 훈련하였으며, 이를 바탕으로 인간과 자연스럽게 대화를 나눌 수 있다. 또한, 문장의 의미를 정확하게 분석하고, 주어진 방법에 따라 추론을 하며 이를 바탕으로 다양한 작업을 수행할 수 있다.

● ChatGPT가 나오기까지의 자연어 처리 역사

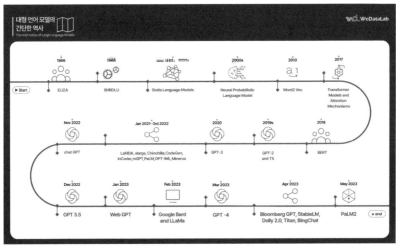

출처 : https://levelup.gitconnected.com/the-brief-history-of-large-language-models-a-journey-from-eliza-to-gpt-4-and-google-bard-167c614af5af

자연어 처리 기술은 인공지능 기술의 발전과 함께 계속해서 발전하고 있으며, 앞으로 더욱 발전할 것으로 예상된다.

ChatGPT의 탄생 : GPT-3에서 ChatGPT까지

OpenAI는 2021년 5월에 대규모 생성형 인공지능 언어 모델 GPT-3를 공개했다. GPT는 생성형 사전 훈련된 트랜스포머(Generative Pre-trained Transformer)의 약자로 재활용할 수 있도록 미리 훈련된 모델을 의미한다. GPT-3는 이전의 인공지능 언어모델과는 달리, 매우 큰 규모의 학습 데이터와 파라미터를 사용하여 자연어 이해와 생성 능력을 크게 향상시켰다.

이렇게 훈련된 GPT-3는 자연어 생성 및 이해를 기반으로 다양한 작업에서 인간과 유사한 텍스트를 생성한다. 이 모델은 텍스트 완성, 번역, 질문에 대한 답변, 요약 등 다양한 자연어 처리 작업에서 뛰어난 성능을 보인다. 다양한 주제와 상황에서 사람과 유사한 정도로 텍스트를 이해하고 문장을 생성하는 능력을 갖추고 있다.

이후 OpenAI는 2022년 9월에 InstructGPT를 공개했다. InstructGPT는 GPT-3를 기반으로 하며, 사용자가 명령어를 입력하고, 인공지능이 이를 수행할 수 있는 기능을 제공했다.

즉, 사람이 사용하는 말로 제공된 지시를 해석하고 해당 지시에 따라 다양한 작업을 수행할 수 있다. 코딩 작업, 응용 프로그램에서의 특정 작업, 자연어로 설명된 작업 등을 이해하고 실행하는 능력을 가지고 있으며, 이를 통해 사용자의 명령에 따라 특정 작업을 자동화하는 데 사용될 수 있다.

그리고 이어서 2023년 3월에 ChatGPT를 공개했다. ChatGPT는 InstructGPT를 비윤리적인 답변을 방지하는 안전장치(Safety Layer)를 결합하여, 인간과 윤리적인 대화를 할 수 있도록 만든 언어모델이다. ChatGPT는 인간과 자연스러운 대화와 상호작용을 하며 때로는 선생님처럼, 때로는 친구처럼 의미 있는 대화를 주고 받는 데 사용된다. 주요 기능으로는 맥락을 이해하고 관련성 있는 응답을 생성하며, 인간과 유사한 대화를 모방하는 것이다. ChatGPT는 질문에 답변하거나 정보를 제공하며, 다양한 주제에 대한 토론을 하거나 대화의 일관성을 유지하는 등의 다양한 대화적 작업에 능숙하다. 이 모델은 챗봇, 가상 비서, 고객 지원과 같이 사용자와의 상호작용과 대화가 필요한 상황에서 주로 활용된다.

ChatGPT는 공개 이후 많은 사람들에게 큰 관심을 받으며, 다양한 분야에서 활용되고 있다.

2 LLM 기반 기술

ChatGPT를 구성하는 5가지 기반 기술

    ChatGPT와 같이 사람의 언어를 이해하고, 문장을 생성하는 인공지능을 대형 언어 모델(LLM : Large Language Model)이라고 부른다. 대형 언어 모델은 토큰화(Tokenization), 임베딩(Embedding), 어텐션(Attention), 프리-트레이닝(Pre-Training), 전이학습(Transfer Learning)이라는 5가지 기술을 기반으로 만들어진다.

● ChatGPT(LLM)의 5가지 기반 기술

출처 : Unveiling the Power of Large Language Models(LLMs) | by Harishdatalab | Medium

각 기술에 대해 간략하게 살펴보겠다.

○ 토큰화(Tokenization)

ChatGPT의 Tokenization은 문장을 작은 단위로 쪼개는 기술이다. 이 때 만들어지는 단위를 '토큰(Token)'이라 부른다. 예를 들어, "나는 오늘 학교에 갔다"라는 문장은 다음과 같이 토큰화(Tokenization)할 수 있다.

- 나는
- 오늘
- 학교에
- 갔다

이렇게 나누어진 문장 요소를 바탕으로 ChatGPT는 주어진 문장을 이 해하고, 새로운 문장을 생성한다.

토큰화 방법은 다양한데, ChatGPT는 BPE(Byte Pair Encoding)이라는 서 브-워드(Sub-Word) 단위로 쪼개는 방식을 사용한다. BPE 방식에서는 훈 련 데이터에 자주 출현하는 문자열을 토큰으로 분리한다. 예를 들어 'Unfriendly'라는 단어는 BPE를 거치면 'Un', 'friend', 'ly'의 세 개의 토 큰으로 분리된다.

● SubWord 단위 토큰화

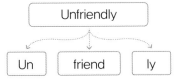

출처 : Overview of tokenization algorithm sin NLP | by Ane Berasategi | Towards Data Science

이렇게 쪼개는 이유는 훈련에 사용된 데이터(문장)에서 'Unfriend'나 'Unfriendly' 보다 'Un', 'friend' 그리고 'ly'의 문자열이 훨씬 자주 출현하기 때문이다.

다시 얘기하자면 BPE 방식에서 토큰은 사람이 정하는 것이 아니라, 데이터에 의해서 자동적으로 정해진다. 그 결과는 훈련 데이터에 의한 언어별 토큰 개수 차이로 나타난다. 다음은 ChatGPT가 영어와 한글의 토큰화 결과를 보여준다.

● OpenAI의 토큰화 예시

Link : https://platform.openai.com/tokenizer

영어 'go', 'to', 'school' 등의 단어는 1개의 토큰으로 처리되지만, '나', '학교' 등 한글 단어는 몇 개 이상의 토큰을 사용한다. 이는 훈련에 사용된 한글 문서가 영어 문서에 비해 양이 매우 적기 때문이다.

이런 토큰 개수의 차이 때문에 처리 비용 문제와 처리 문서의 크기라는 2가지 문제가 발생한다.

먼저 비용 문제는 ChatGPT API를 사용하는 경우에 발생한다. ChatGPT API는 사용한 토큰 개수에 따라 요금이 발생한다. 따라서, 영어를 사용할 경우보다 한글을 사용할 경우에 몇 배 더 비싼 요금을 지불해야 한다.

다음으로 처리 문서 크기의 문제는 ChatGPT가 한번에 주고 받는 토큰의 개수가 제한되기 때문에 발생한다. 한 단어를 처리할 때, 영어에 비해 많은 토큰을 사용하는 한글은 주고 받을 수 있는 문서의 크기가 작아진다.

그런데, 최근 한글 토큰 처리가 다소 개선되었다. 최근(2023년 10월)에 추가된 'GPT-3.5 & GPT-4' 토큰나이저는 다음 그림과 같이 '나', '는', '에' '다'와 같은 한글을 인식하기 시작했다.

● GPT-3.5 & GPT-4 토큰나이저

그리고, 2024년에 발표된 GPT-4o에서 사용하는 토큰나이저에서는 더 많은 한글 토큰을 인식하여, 거의 영어에 가까운 정도에 이르렀다.

● GPT-4o & GPT-4o-mini 토큰나이저

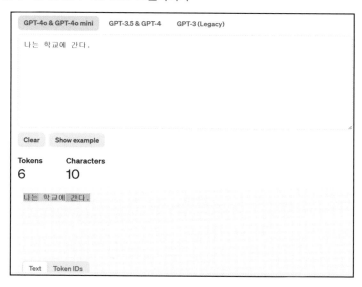

위의 결과는 OpenAI의 온라인 토크나이저(Tokenizer) 사이트 (https:// platform.openai.com/tokenizer)에서 확인할 수 있다.

○ 임베딩(Embedding)

임베딩은 단어, 분상, 이미지 등의 데이터를 의미를 담은 벡터(숫자)로 변환하는 과정이다. 벡터로 변환된 데이터는 인공지능 모델에서 계산 등의 처리를 할 수 있으며, 이를 통해 인공지능은 데이터의 의미와 관계를 파악할 수 있다.

예를 들어, 다음 그림은 'King', 'Man', 'Woman', 'Queen'의 단어가 임베딩 된 경우의 수학적 관계를 보여준다. 'King'의 임베딩 값에서 'Man'의 임베딩 값을 빼고, 'Woman'의 임베딩 값을 더하면 'Queen'의 임베딩 값이 된다.

● 임베딩(수치화)된 단어의 상관 관계

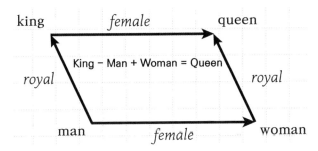

단어 임베딩은 문장에 대한 감성 분석, 문서 분류, 기계 번역 등에서 효과적으로 사용될 수 있다. 이미지 임베딩은 이미지 검색, 객체 인식, 추천 시스템 등에서 사용될 수 있다.

임베딩 학습 방법은 데이터의 특성과 목적에 따라 다양하게 존재한다. 대표적인 단어 임베딩 방법으로는 Word2Vec, GloVe 등이 있다. 이러한 학습 방법을 통해 얻어진 임베딩은 인공지능 모델의 성능을 향상시키는 데 큰 역할을 한다.

○ 어텐션(Attention)

 ChatGPT는 구글에서 개발한 딥러닝 모델 '트랜스포머(Transformer)'를 기반으로 한다. 이 모델의 핵심이 되는 기술은 어텐션(Attention) 메커니즘 이다.

 어텐션 메커니즘은 인공지능이 임베딩 된 문장에서 단어가 다른 단어들 과 상호작용하는 방식을 찾는 인공지능 기술이다. 이를 통해 인공지능은 입력 문장의 전체적인 문맥을 파악할 수 있다. 자연어 처리(NLP) 분야에서 많이 사용된다.

● 트랜스포머 인공지능 모델

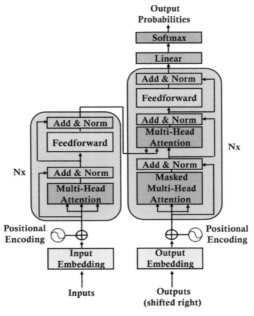

출처 : Transformer Model And variants of Transformer (ChatGPT) | by Sharan Harsoor | AI Mind

 어텐션을 기반으로 만들어진 트랜스포머는 번역, 요약, 문장 생성 등 다 양한 자연어 처리 작업에서 높은 성능을 보여주고 있다.

○ 프리-트레이닝(Pre-Training)

ChatGPT의 'GPT'는 Gencrative Pre-trained Transformer의 약자로, 'P'는 Pre-trained의 약어이다.

Pre-trained는 '미리 학습된'이라는 의미로, GPT는 대규모 텍스트 데이터를 미리 학습하여 만들어진 인공지능 모델이다. 학습에 사용된 데이터에는 다양한 지식을 담은 책과 인터넷 문서가 포함된다. ChatGPT는 이와 같은 문서를 통해 다양한 분야의 많은 지식을 배웠다.

〈표 : ChatGPT(GPT-3) 프리-트레이닝에 사용된 데이터 셋 규모〉

Dataset	Quantity (tokens)	Weight in training mix	Epochs elapsed when training for 300B tokens
Common Crawl (filtered)	410 billion	60%	0.44
WebText2	19 billion	22%	2.9
Books1	12 billion	8%	1.9
Books2	55 billion	8%	0.43
Wikipedia	3 billion	3%	3.4

Table 2.2: Datasets used to train GPT-3. "Weight in training mix" refers to the fraction of examples during training that are drawn from a given dataset, which we intentionally do not make proportional to the size of the dataset. As a result, when we train for 300 billion tokens, some datasets are seen up to 3.4 times during training while other datasets are seen less than once.

출처 : ChatGPT — Show me the Data Sources | by Dennis Layton | Medium

ChatGPT의 훈련 데이터는 수백억 이상의 난어로 구성되어 있다. 이런 대량의 데이터로 인공지능을 시키는 것은 상당히 많은 시간이 소요된다. ChatGPT의 경우 프리 트레이닝에 한달 이상이 걸린 것으로 알려져 있다.

다양한 지식을 미리 학습한 인공지능 모델은 새로운 데이터를 학습하는 시간을 단축할 수 있다. 이와 같이 기존에 학습된 인공지능 모델을 재사용하는 방법을 '전이학습(Transfer Learning)'이라고 한다.

○ **전이학습**(Transfer Learning)

전이학습(Transfer Learning)은 머신러닝의 한 기법으로, 사전 학습된 모델의 지식을 사용하여 새로운 문제를 해결하는 방식이다. 이는 기존 지식을 활용함으로써 학습 프로세스의 속도를 높이고 모델의 정확도를 향상시킬 수 있다.

ChatGPT는 GPT-3라는 사전 학습(Pre-training) 모델을 기반으로 만들어졌다. ChatGPT가 만들어지기까지는 다음 그림과 같이 2가지 과정을 거쳤다.

첫 번째 단계는 사전 학습된 GPT-3는 주어진 문장을 이어서 완성할 수 있도록 훈련된 것이다. 해당 모델을 전이학습에 사용하여 주어진 지시에 따라 적절한 답변을 생성하는 추가 학습(Fine-tuning)시켜 사람의 질문이나 요청에 대한 적절한 답변을 생성하도록 훈련하였다. 그 결과로 만들어진 것이 InstructGPT이다. 훈련에서 답변의 적절성 평가는 사람의 평가(Human Feedback)에 기반했다. 이 방법을 'RLHF(Re-informcement Learning with Human Feedback)'라고 한다.

● ChatGPT의 전이학습 과정

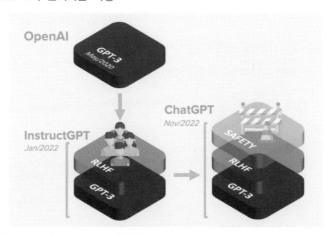

출처 : https://www.theinsaneapp.com/2023/05/instructgpt-vs-chatgpt.html

두 번째 단계는 'SAFETY' 계층 추가이다. 'SAFETY' 층은 사회적으로 부적절한 답변을 생성하지 않도록 구현된 메커니즘이다. 또한 SAFETY 계층은 사용자의 요청에 따라 특정 토픽에 대한 대화를 제한하거나 차단할 수 있다. 예를 들어, 특정 사용자가 정치적 논쟁을 피하고 싶어한다면, SAFETY 계층은 이러한 주제에 대한 대화를 제한할 수 있다. 일종의 자체 검열이라 할 수 있다. 이는 부적절하거나 민감한 콘텐츠를 생성하는 것을 방지하고 책임 있는 사용을 촉진하는 다음과 같은 전략과 필터를 포함한다.

콘텐츠 모니터링 : ChatGPT는 욕설, 음란물, 혐오 표현 등 부적절한 내용을 필터링하여 생성하지 않도록 되어 있다.

지침 및 정책 : 이 모델은 존중, 민감성 및 윤리적 기준을 준수하는 가이드라인과 정책으로 교육되었다. 이러한 가이드라인은 대화를 생산적이고 적절하게 이끌어주는 역할을 한다.

맥락적 이해 : ChatGPT는 대화의 맥락을 이해하고 유지할 수 있도록 훈련되었다. 이는 잘못 해석될 수 있는 또는 논의 중인 주제에 민감한 응답을 생성하는 것을 방지한다.

사용자 제어 : ChatGPT를 구현하는 플랫폼에는 안전성을 보다 확보하기 위한 추가적인 사용자의 제어 및 기능이 있다. 이는 콘텐츠 신고 메커니즘, 연령 제한, 민감도 조절 기능 등을 포함한다.

윤리적 설계 : 'SAFETY' 레이어는 사용자를 우선시하는 AI 모델을 만들기 위한 더 넓은 윤리적 설계 원칙의 일환이다.

전반적으로 'SAFETY' 레이어는 기술적 필터, 윤리적 가이드라인, 지속적인 모니터링 및 사용자 제어를 결합하여 보다 안전하고 책임 있는 AI 상호작용 환경을 만들어낸다.

위의 두 단계의 전이학습을 통해 만들어진 것이 지금의 ChatGPT이다.

이와 같이 기존에 훈련된 모델을 재활용하는 전이학습은 다양한 분야에서 사용되며, 인공지능 기술의 발전에 큰 역할을 하고 있다. 전이학습을 적용할 때는 기존 모델의 성능과 한계를 고려해야 하며, 새로운 데이터와 문제에 대한 추가 학습이 필요하다. 또한, 모델의 학습 데이터와 목적에 따라 적절한 전이학습 방법을 선택해야 한다.

3 GPT 관련 각 사이트 접속방법

생성형 AI 사용(각 사이트 가입방법)

1. ChatGPT 등록하기

ChatGPT는 계정을 등록해야 사용할 수 있다. 이제부터 ChatGPT에 편리하게 등록하는 방법을 소개하겠다.

먼저 구글 계정을 준비한다. 그리고 아래 사이트에 접속한다.

https://chat.openai.com/

Sign up(등록)버튼을 클릭한다.

이메일 주소를 입력하고, Continue 버튼을 눌러 가입을 진행한다. 또는 Google, Microsoft, Apple의 계정이 있다면, ChatGPT 계정과 연동하여 간편 로그인을 할 수 있다. ChatGPT를 이용할 때, 웹 브라우저를 Chrome으로 실행하는 것을 추천한다. Edge, Safari 등 다른 모든 브라우저에서 ChatGPT를 이용할 수 있지만, Chrome에서 제공하는 자동번역 또는 WebChatGPT 등의 확장프로그램을 이용해 ChatGPT를 더 편리하게 사용할 수 있다.

브라우저를 Chrome으로 실행했다면, Continue with Google 버튼을 클릭하여 구글 계정으로 간편 로그인을 진행한다.

Chrome에 로그인이 되어 있는 상태라면, 위와 같이 계정 선택 화면이
나타난다. 해당 계정을 클릭한다.

그러면 바로 위와 같이 ChatGPT를 사용할 수 있다.

만약, Chrome에 로그인되어 있지 않은 상태라면, 아래와 같은 화면이
나타난다.

구글 계정 이메일 혹은 전화번호를 입력하여, 로그인을 진행한다.

비밀번호까지 입력했다면, 위와 같은 화면이 나타난다. 이름 및 생년월일 정보를 입력한다.

Verify your phone number

전화번호를 입력하여 인증을 진행한다.

문자 메시지로 수신된 6자리의 인증 코드를 입력하면, 위와 같이 ChatGPT를 사용할 수 있다.

2. 뤼튼(Wrtn) 등록하기

뤼튼도 ChatGPT와 마찬가지로 계정을 등록해야 사용할 수 있다.

계정을 등록하는 방법은 ChatGPT와 비슷하다. 먼저 아래 링크에 접속한다.

https://wrtn.ai/

화면 우측 상단의 로그인 버튼을 클릭한다.

구글, 네이버, 카카오톡 등의 계정을 뤼튼과 연동하여 간편로그인을 진행할 수 있다. 구글 계정으로 로그인해 보겠다.

구글에 로그인이 되어 있는 상태라면, 아래와 같이 계정 선택 팝업이 나타난다.

원하는 계정을 선택하여 로그인을 진행한다.

구글 계정과 뤼튼을 처음 연동한다면, 위와 같이 서비스 이용 약관 동의 화면이 나타난다. 필수 항목에 동의를 체크하여, 뤼튼을 바로 사용할 수 있다.

만약, 구글에 로그인되어 있지 않다면, 아래와 같이 이메일 또는 전화번호를 입력하여 로그인을 진행한다.

3. 빙(Bing) 등록하기

빙은 마이크로소프트에서 제공하는 검색엔진이다. 빙 채팅(Copilot)을 이용하기 위해서는 마이크로소프트 계정을 준비해야 한다. 그리고 아래 사이트에 접속한다.

https://www.bing.com/

화면 우측 상단의 로그인을 클릭한다.

마이크로소프트 계정을 입력하여, 로그인을 진행한다.

비밀번호까지 입력하면, 위와 같이 바로 빙 채팅(Copilot)을 사용할 수 있다.

만약 로그인을 하지 않은 상태로, 빙 채팅에 들어가게 되면 아래와 같은 팝업창이 뜨며 채팅 기능을 사용할 수 없다.

만약 로그인을 한 상태이나 위와 같은 팝업창이 나타나면, 다음과 같이
설정을 확인한다.

우측 상단의 막대기 3개 모양 버튼을 눌러, "유해 정보 차단"으로 들어
간다.

"유해 정보 차단"의 "보통" 또는 "끄기"를 선택한 후, "저장"을 클릭한다. 만약 "끄기"를 선택한다면, 성인인증을 절차를 추가로 거쳐야 한다.

4. 네이버 클로바X

네이버 클로바X는 네이버에서 제공하는 챗서비스로, 네이버 계정이 있어야 사용할 수 있다.

먼저 네이버 계정을 준비한다. 그리고 다음 링크에 접속한다.

https://clova-x.naver.com/

화면 우측 상단의 로그인 버튼을 클릭한다.

위와 같이 네이버 로그인 페이지로 연결된다. 준비한 네이버 계정으로 로그인을 진행한다.

네이버 클로바X에 처음 로그인을 한다면, 위와 같이 약관 동의 팝업이 나타난다. 필수 항목에 체크한 후, 동의를 클릭한다.

그러면 네이버 클로바X를 바로 사용할 수 있다.

2부

ChatGPT
활용

2부

ChatGPT
활용

1-1 ChatGPT 프롬프트 작성 팁

ChatGPT 활용 – 프롬프트 팁(Prompt Tips)

ChatGPT는 지시에 응답하는 인공지능이다. 이때 ChatGPT에 전달하는 지시를 '프롬프트(Prompt)'라 한다. 프롬프트에 따라 ChatGPT의 응답은 달라진다. 목적에 부합하는 ChatGPT의 응답을 얻기 위해서는 적절한 프롬프트가 필요하다. 적절한 프롬프트는 시행착오(trial and error)를 거쳐 만들어 진다. 이와 같이 프롬프트를 만드는 과정이 '프롬프트 엔지니어링'이다.

일반적으로 좋은 프롬프트는 다음과 같은 특징을 가진다.

○ 명확성

의도를 정확하게 전달하기 위해, 질문이나 명령은 가능한 한 명확하게 표현해야 한다. 예를 들어, "음식에 대해 알려줘"라고 말하는 대신 "한국의 전통 음식 중에서 가장 인기 있는 음식에 대해 알려줘"라고 말하는 것이 더 좋다.

○ 세부 정보 제공

더 정확한 결과를 얻기 위해, 가능한 많은 세부 정보를 제공하는 것이 좋다. 예를 들어, "한국 음식의 특징을 설명해줘."보다 "한국의 전통적인 음식 중에서 김치의 역사와 주된 재료에 대해 자세히 설명해줘."라고 하는 것이 더 좋다.

○ 역할과 대상 지정

역할 지정은 대화의 방향을 제어하고 상호작용을 더욱 풍부하고 창의적으로 만드는데 도움이 된다. 예를 들어, 사용자가 GPT에게 "당신은 고객 서비스 AI이다."라고 지시하면, GPT는 지시에 고객 서비스 팀처럼 응답한다. 이러한 방법은 특정 주제에 대한 논의, 스토리텔링, 시나리오 기반의 상호작용 등 다양한 상황에서 유용하게 사용될 수 있다. 한편, 대상을 지시하여 응답을 생성할 수 있다. 예를 들어 ChatGPT는 '고객 대상' 마케팅 문구와 '대리점 대상' 마케팅 문구를 다르게 작성한다.

○ 응답 형식 지정

프롬프트에 응답 형식을 포함할 수 있다. 예를 들어 '표로 만들어 줘', '0~10점으로 평가해 줘'와 같이 지정할 수 있다. 응답 형식을 지정하는 프롬프트는 명확하고 가독성 높은 응답을 받을 수 있어 의사 소통의 효율성과 정확성을 높일 수 있다는 장점이 있다. 명시적인 지침을 통해 원하는 정보를 더 쉽게 수집할 수 있고, 오해나 혼란을 줄일 수 있다.

응답 형식에는 표, JSON, CSV, 점수와 같은 숫자, 그리고 길이 제한 등을 포함할 수 있다. 그리고, 사용자가 직접 형식을 제공할 수 있다. 예를 들어, 고객의 피드백에 대한 답장을 생성한다고 할 때 아래와 같은 형식을 제공할 수 있다. 그러면 ChatGPT가 형식에 맞는 답변을 생성한다.

예시

[프롬프트]

다음 양식을 사용하십시오.

답장 :

 여기에 답장을 적으세요.

불만 사항 : '예' 또는 '아니오'

대응 부서 : '부서명'.

[ChatGPT 출력]

> 답장 :
> (고객님의 이름)님께,
> 먼저, 귀하의 피드백을 주셔서 감사드립니다. 고객님의 의견은 저희 서비스 향상에 매우 중요합니다.
>
> AI 고객 도우미 드림.
> 불만 사항 : '예'
> 대응 부서 : '원무과'

○ 조건 검사 지시

프롬프트에 특정 조건을 확인하도록 지시할 수 있다. 이 방법의 장점은 조건에 맞는 정보만을 추출하여 원하는 결과를 더 빠르게 얻을 수 있다는 것이다. 이러한 프롬프트는 정보의 정확성과 필요한 내용에 집중할 수 있도록 도와준다. 예를 들어 ChatGPT의 할루시네이션(Hallucination : 거짓 정보 생성)을 줄이기 위해 다음과 같은 프롬프트를 사용할 수 있다.

"신뢰할 수 있는 출처를 포함한 문장을 생성해 주세요."

"전문가의 의견을 포함한 문장을 생성해 주세요."

스탠포드 대학의 앤드류 응 교수는 "ChatGPT에게 지시를 내릴 때는 마치 대학을 갓 졸업한 학생에게 지시하는 것처럼" 해야 한다고 얘기한다.

● 갓 졸업한 대학생 같은 ChatGPT

ChatGPT 생성 그림

　이는 ChatGPT가 갓 졸업한 대학생처럼 전문적인 지식과 기본적인 이해를 가지고 있지만, 그 지식을 실제 상황에 적용하는 방법을 아직 완벽하게 익히지 못한 상태와 유사하다는 것을 의미한다. 즉, ChatGPT는 주어진 정보를 이해하고 처리하는 능력이 있지만, 그 정보를 실제 문제 해결에 적용하거나, 복잡한 상황에서 판단을 내리는 능력은 아직 완벽하지 않다는 것이다. 따라서, ChatGPT에게는 명확한 지시를 내려야 하며, 필요한 경우 추가적인 정보를 제공해 주고, 원하는 결과 형식을 얘기해 주어야 한다. 이렇게 함으로써, ChatGPT는 우리가 원하는 결과를 더 정확하게 제공할 수 있다.

1-2 ChatGPT 기본 활용

이번 장에서는 ChatGPT를 활용해 일상과 업무에서 어떤 것들을 할 수 있는지 알아보겠다.

지금부터 소개할 ChatGPT 기본 활용법은 아래와 같다.

- 작문하기 – 시 짓기
- 메일작성
- 문서작성 – 문장의 평가와 수정
- 어학공부
- 감성분석
- 주제어 추출과 분석 요약
- 프로그램 작성
- 코드 리뷰하기
- 프로그램 문서화
- 이미지 생성

작문하기 - 시 짓기

ChatGPT에게 문장 작성을 지시하여, 여러 분야에 활용할 수 있다. 대표적인 예시로, 문학작품을 창작하는 사례를 들어보자. ChatGPT에게 특정 주제와 관련한 시를 작성해 달라고 해보겠다.

> **송우**   고향과 봄에 대한 시를 써줘

> 🔵   산행을 떠나 봄의 아침을 맞이하면서 쓴 시입니다.
>
> 산골 마을 봄 아침
>
> 산골 마을 산자락에서
> 새소리와 함께 눈을 떴네
> 추운 겨울 지나고 이젠
> **새들도 움직이는 걸**
>
> 내 마음속에도 꽃향기가
> 퍼져나가고 있는걸
> 고향에 온 봄 아침
> 정말 아름다운걸
>
> 숲을 걷다가 바람에 날리는
> 꽃잎들이 내게로 와서
> 그대 생각이 난다
> 이 봄, 다시 그대 만날 수 있기를

"고향과 봄"에 대한 시를 써달라고 요청했더니, "산골 마을 봄 아침"이라는 제목이 붙은 시 한 편이 완성되었다.

"산골 마을 봄 아침"은 3연 12행으로 구성되어 있으며, 각 연은 4행으로 이루어져 있다. 잘 알려져 있는 시인 "꽃"을 쓴 김춘수는 시의 행과 연이 구성되는 이유를 리듬의 단락, 의미의 단락, 이미지의 단락, 이렇게 세 가지로 꼽는다. ChatGPT가 작성한 위의 시는 리듬보다는 의미를 중심으로 각 행을 나누고 있다.

이 시에서 주목할 점이 하나 있는데, 바로 첫 행을 작성하여 시를 시작한 방법이다. 시의 첫 행은 독자의 호기심과 관심을 유도함과 동시에 다음의 행과 연으로 이어지면서, 시의 전체적인 내용을 자연스럽게 풀어내는 역할을 한다.

따라서 첫 행이 시의 내용 속으로 들어가는 핵심 열쇠와 같은데, ChatGPT는 "산골 마을 산자락"이라는 특정공간으로 시를 시작한다. 그리고 다음 행에서 "새소리"라는 시어를 사용하여 그 공간을 청각적으로 묘사하고 있다. 이어서 "눈을 떴네", "추운 겨울 지나고"와 같은 어구 등을 통해 시의 계절과 시간을 자연스럽게 드러낸다. 이렇게 해당 시만의 독특한 분위기를 설정하고, 자연대상물을 사용해 "고향과 봄"이라는 주제에 맞는 아늑하고 친밀한 정서를 느끼게 하는 방법을 사용했다. 또 4행, 6행, 8행에 "~는걸"이라는 접미사를 사용하여 리듬감을 주었다.

위와 같이 ChatGPT의 시 작문기법은 대체로 훌륭하지만, 조금 아쉬운 점도 보인다. 8행의 "정말 아름다운걸"은 상투적인 어구로 느껴진다. 좀 더 신선한 표현으로 바꿔서 사용할 수 있다.

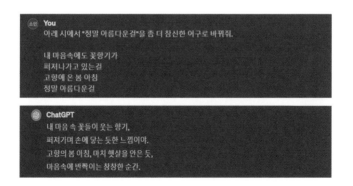

"마음속에 반짝이는 창창한 순간"으로 바뀌었고, 그 외 표현들도 참신한 느낌으로 새롭게 작성되었다. 이렇게 간단한 프롬프트를 통해 문학작품을 더 창의적으로 발전시킬 수 있다.

메일 작성

일상에서 사용하는 간단한 메일 작성을 ChatGPT에게 요청할 수 있다. 지난 주에 있었던 회의를 깜빡하여 곤란했던 상황이 있는가? 불참했던 회의의 담당자에게 사과의 메일을 작성하는 예시를 들어보겠다.

지난 주 회의를 깜박 잊고 불참했는데,
회의를 소집한 분에게 진심을 느낄 수 있는 정중한 사과의 메일을 작성해 줘.

● 뤼튼 GPT4의 실행결과

지난 주에 참석할 회의를 깜박 잊고 불참했는데,
회의를 소집한 분에게 진심을 느낄 수 있는 정중한 사과의 메일을 작성해줘.

KSW GPT4

제목: 회의 불참에 대한 진심어린 사과
존경하는 [회의 소집자 성함]님께,
저는 지난 주에 열리는 예정이었던 회의에 참석하지 못한 점에 대해 깊은 유감을 표합니다. 이메일을 통해 진심으로 사과의 말씀을 전하고자 합니다.
먼저, 제가 회의 일정을 깜박 잊은 것은 저 자신의 부주의로 인한 큰 실수였습니다. [회의 일시]라는 중요한 정보를 간과하고 불참하게 되어 정말 죄송합니다. 제가 이러한 실수를 범한 것으로 인해 다른 참석자 분들께도 불편함을 끼쳐 드렸을 가능성이 있음에 대해 깊이 반성하고 있습니다.
저는 회사 내에서 협업과 의사소통의 중요성을 믿고 있으며, 이러한 사소한 실수로 인해 조직적인 업무 활동에 방해가 되지 않도록 최선을 다할 것입니다. 앞으로는 일정 관리를 철저히 하여 이와 같은 상황이 발생하지 않도록 하겠습니다.
다시 한 번, 저의 부주의로 인하여 발생한 불편함과 혼란에 대해서 진심으로 사과드립니다. [회의 소집자 성함]님께서 소중히 여기시는 회사 문화와 원활한 협업 정신을 지속적으로 배우고 발전시켜 나갈 것임을 약속드립니다.
감사합니다.
[귀하 성함]

어떤가. 불참한 것에 대한 진심이 느껴지는 사과의 메일 같은가? 회의를 참석하지 못한 것에 대한 사과, 왜 참석을 못했는지에 대한 이유, 앞으로 어떻게 대처할 것인지에 대한 방향의 순으로 메일의 흐름은 잘 작성되었다.

하지만 ChatGPT가 사용한 표현이 일상에서 사용하는 메일로는 다소 과하다는 생각이 든다.

"~에 대해 깊은 유감을 표한다", "제 부주의로 인한 큰 실수였습니다", "깊이 반성하고 있다", "정말 죄송하다" 등의 표현이 마치 잘못한 학생이 반성문을 적은 듯한 느낌을 준다.

용서를 비는 듯한 느낌의 장황한 문장보다는, 간결하고 담백한 문장으로 사과의 메일을 작성하는 것이 더 좋아 보인다.

ChatGPT가 작성한 초안을 바탕으로 어색한 문구 등을 수정하여 작성하면, 사과 메일을 작성하는 시간을 단축할 수 있을 것이다.

그렇다면, ChatGPT에게 좀 더 구체적인 문맥을 제공하여 메일 작성을 요청해 보겠다.

아이를 둔 학부모라면 일상에서 흔히 발생할 수 있는 상황이다.

아이들 학교에서 열리는 학부모 회의를 불참한 상황에서 사과 메일을 작성해 보도록 하겠다.

지난 주 학교 운영위원회의 학부모 회의를 깜박 잊고 불참했는데,
관련된 분들께 진심을 느낄 수 있는 정중한 사과의 메일을 작성해 줘.

이번에는 프롬프트에 "학교 운영위원회 학부모 회의"라는 구체적인 정보를 문맥에 포함시켰다. 결과를 한 번 확인해보자.

● 뤼튼 GPT4의 실행결과

🔵 KSW GPT4

안녕하세요! 그런 상황이라니 아마 많이 당황하셨을 것 같네요. 지난 주의 불참에 대한 사과 메일 작성에 도움이 되도록 아래에 예시를 드릴게요.
제목: [사과의 글] 지난 주 학교 운영위원회 회의 불참에 대한 안내
안녕하십니까,
저는 (담당자분의 이름)입니다. 먼저, 지난 주에 진행된 학교 운영위원회의 학부모 회의에 참석하지 못한 점에 대해 깊은 사과의 말씀을 드리고자 이 메일을 작성하게 되었습니다.
그날 제가 회의에 참석하지 못한 것은 전적으로 제 개인의 부주의에서 비롯된 것이며, 이로 인해 여러분께 불편함을 드린 점에 대해 송구스럽게 생각하고 있습니다. 저는 이번 일로 인해 모든 학부모님들이 중요한 회의의 내용을 제때 공유받지 못한 점에 대해 책임감을 느끼고 있습니다.
이번 사태를 통해 저의 부족한 점을 깊이 반성하고, 앞으로는 이런 일이 절대로 반복되지 않도록 더욱 철저하게 일정 관리를 하겠습니다. 이를 통해 학부모님들께서 학교의 일에 대해 항상 신속하고 정확한 정보를 받을 수 있도록 노력하겠습니다.
다시 한번 이번 사건으로 인해 불편함을 끼치셨던 모든 분들께 진심으로 사과의 말씀을 드립니다. 이 일로 인해 실망감을 느끼셨을 학부모님들께, 저의 부족함에 대해 깊이 반성하며, 앞으로 더욱 노력하고 성장하는 (담당자분의 이름)이 되도록 하겠습니다.
감사합니다.
(담당자분의 이름) 드림
이 메일 내용이 도움이 되었으면 좋겠습니다. 추가적으로 궁금하신 사항이 있으시다면 언제든지 말씀해주시기 바랍니다.

● 클로바X의 실행결과

🔷 안녕하세요, [받는 사람 이름]님.

지난 주 학교 운영위원회의 학부모 회의에 참석하지 못해 정말 죄송합니다.

제가 개인적인 사정으로 인해 회의에 참석하지 못했는데, 이로 인해 불편을 끼쳐드려 매우 마음이 무겁습니다.

회의에서 다루어진 내용과 결정된 사항에 대해 자세히 알고 싶습니다. 가능하시다면 회의록을 보내주시면 감사하겠습니다.

앞으로는 회의에 빠지지 않고 참석하여 학교 운영에 적극적으로 참여할 수 있도록 노력하겠습니다.

다시 한번 회의에 불참하여 죄송합니다.

감사합니다.

좋은 하루 보내세요.

[보내는 사람 이름] 드림

두 가지 플랫폼에서 실행해 보았다. 뤼튼보다 클로바X가 좀 더 간결한 사과 메일로 작성했다. 클로바X의 사과 메일은 받는 사람과 보내는 사람의 이름만 추가하여, 바로 발신해도 될 정도로 자연스럽다.

영어 메일의 경우는 어떨까? 영어 메일은 적절한 표현이 선뜻 떠오르지 않아, 메일 작성이 번거롭게 느껴질 때가 많다. 아래와 같은 프롬프트를 ChatGPT에게 작성해 보았다.

외국 친구의 초대를 정중히 거절하는 메일을 작성해 줘.
메일은 영어로 작성해야 해.

"정중히 거절하는"이라는 문맥을 제공했다. 그리고 영어로 작성해야 한다고 덧붙였다.

● **뤼튼 GPT-4 실행결과**

외국 친구의 초대를 정중히 거절하는 메일을 작성해 줘.
메일은 영어로 작성해야 해.

🌐 KSW GPT4

안녕하세요. 당신의 요청에 따라, 절도 있고 친절한 표현으로 외국 친구의 초대를 거절하는 영어 메일을 작성해봤습니다. 검토해보시고 필요한 부분은 적절히 수정해 사용하시면 좋을 것 같습니다.

Dear [Friend's Name],

I hope this message finds you well.

Firstly, I want to express my heartfelt thanks for your kind invitation. It's always a pleasure to receive such thoughtful gestures from you. However, it is with regret that I must decline your invitation this time.

Due to some personal circumstances, I am unable to join you at the moment. Please understand that my decision is in no way a reflection of my appreciation for your invitation. It is simply a matter of unfortunate timing.

I am truly sorry for any inconvenience this may cause and thank you for your understanding. I hope we can arrange another time to meet when circumstances allow.

Please take care and stay safe.

Best regards, [Your Name]

이 메일이 외국 친구에게 당신의 상황을 잘 전달해주기를 바랍니다. 다른 도움이 필요하시면 언제든지 알려주세요!

절도 있고 친절한 표현으로 작성했다고 답변을 준다. 친구에게 보내는 메일인 것을 감안하여 격식 있는 표현을 부드럽게 고치고 싶다면, DeepL 의 AI 글쓰기 도우미를 이용할 수 있다.

● DeepL Write : AI 작문 도우미

출처 : https://www.deepl.com/write

수정할 문장의 문체를 선택할 수 있고, 해당 단어를 대체할 수 있는 다양한 단어들을 제시해 준다. 문법 오류 또한 교정할 수 있다.

ChatGPT로 답변을 생성한 다음, DeepL과 같은 번역기를 사용하여 자연스럽게 글을 다듬을 수 있다. 이렇게 일상생활에서 ChatGPT를 활용해 메일 초안을 빠르고 편리하게 작성할 수 있다.

참고로 최근 연구 결과에 의하면, AI가 작성한 사과문이 상대방에게 수용될 확률이 높았다. (AI 타임즈 2024년 6월 24일 기사 : AI의 정중한 사과, 과연 효과적일까)

문서작성 - 문장의 평가와 수정

그러면 메일보다 더 긴 문서를 작성할 때, ChatGPT를 어떻게 활용할 수 있는지 알아보겠다.

대학 입시나 취업 준비를 하고 있는 학생이라면, 누구나 지원서를 쓰면서 많은 고민을 한 경험이 있을 것이다.

지원서 초안을 작성하고 피드백을 받아보고 싶은데, 주변에 도움을 줄 사람이 없거나 또는 피드백을 다른 사람에게 요청하기에 시간이 촉박한 경우가 있다. 이때 ChatGPT를 활용하여 자신의 지원서를 평가하고, 수정사항에 대한 조언을 빠르게 받아볼 수 있다.

ChatGPT에게 영문으로 된 지원서에 대한 평가와 조언을 요청해 보겠다.

```
Please review the following application
and evaluate 0~10 (0:bad, 10:good),
and advise me how to improve :
<Shift-Enter>
<여기에 지원서 내용 복사>
```

● **뤼튼 GPT-4 실행결과**

🌀 KSW GPT4

Evaluation: 9.5/10
This is an excellent application that demonstrates a strong understanding of the applicant's field of interest, clear articulation of their background and experiences, and a well-defined goal for future endeavors. The essay is compelling, detailed, and provides significant insight into the applicant's motivations.

Here are some reasons why this application stands out:

1. **Personal Background**: The narrative draws upon personal experiences to provide context for the applicant's interests in education policy and AI. This includes details about family influences, academic pursuits, international travels, professional engagements etc.

2. **Academic Excellence**: The applicant has showcased their academic prowess through achievements at Korea University and Seoul National University, as well as their involvement with WIPO.

3. **Goal-Oriented**: There is a clear trajectory from past experiences to future goals which shows planning and foresight.

4. **Harvard-Specific Reasons:** The essay outlines specific reasons why Harvard's Education Policy and Analysis program would be beneficial for the applicant which shows research about the program.

Improvements:

1. **Simplify Language:** While eloquent language can make an application stand out positively, overly complex sentences or jargon might make it difficult for non-experts to understand your points fully.
2. **Concrete Examples:** Provide more concrete examples or anecdotes from your past experience when possible to demonstrate your skills or achievements rather than simply stating them.
3. **Refine Closing Statement:** The closing statement could be more succinctly refined to leave a lasting impression on the reader without repeating previously mentioned ideas too much.

Overall this is an impressive application that clearly demonstrates commitment towards education policy in relation with AI technology advancement.

지원서에 대한 평가를 0~10의 수치로 매기고, 지원서를 더 발전시킬 수 있는 방향을 조언해 달라고 했다.

ChatGPT는 지원서에 대해 10점 만점에 9.5점으로 아주 좋은 평가를 주었고, 아래에 그렇게 평가한 근거를 제시한다. 또 어떻게 해야 지원서를 더 발전시킬 수 있는지 조언 3가지를 덧붙인다.

그러면 ChatGPT의 세가지 조언 중 1. Simplify Language에 대해 구체적으로 물어보겠다.

기존 문장에 대한 간결한 문장을 표로 제안해 달라고 했다.

● 뤼튼 GPT-4 실행결과

Could you recommend the fixes to simplify language as a table?

KSW GPT4

Sure, here is a table with the original sentences and suggested simplifications:

Original Sentence	Suggested Simplification
"I am excited to explore how the richness of Asian traditions can inform our globalized world..."	"I am excited to understand how Asian traditions influence our globalized world..."
"At Stanford, I aspire to explore uncharted territories of knowledge, fostering a discourse that bridges various sectors in pursuit of a harmonious co-evolution that not only upholds the integrity of cultural and intellectual heritage but also navigates the uncharted waters of the AI-driven global landscape with informed foresight and ethical stewardship."	"At Stanford, I aim to delve into new areas of knowledge. My goal is to encourage dialogue across different fields, striving for balance. This includes preserving cultural and intellectual heritage while adapting to an AI-driven world with insight and ethics."
"The journey I envisage at Stanford is not an end but a stepping stone towards a larger goal."	"My journey at Stanford is not an end in itself but a stepping stone towards my larger goals."
"...my horizon expanded beyond the geographical confines of Korea."	"...my perspective broadened beyond Korea's borders."

Please note that these are just suggestions. Your original sentences were well-written too; these are just alternatives if you wish to simplify your language slightly.

이런 방식으로 나머지 조언들에 대한 구체적인 예시를 묻고, 지원서 수정에 활용할 수 있다.

위의 과정에서 기억할 점은 AI가 제안한 내용을 그대로 수용하는 것은 피해야 한다는 것이다. 앞서 언급한 바와 같이 AI은 '환각(Hallucination)'이라 불리는 잘못된 정보를 생성하는 현상이 있기 때문이다. 제안된 수정 내용을 확인하고 납득이 되는 경우에만 해당 내용을 수용하는 것이 안전하다.

어학 공부

ChatGPT에게 모르는 영어 문장에 대한 해석과 어떤 문맥에서 단어가 사용되는지에 대해 물어볼 수 있다. 특히 영어사전과 번역기로 잘 해석되지 않는 관용어구에 대한 쓰임도 함께 알 수 있다.

먼저 간단한 영어 단어를 예시로 들어보겠다.

I was **backing up** at the parking lot.

여기서 back up이라는 단어를 어떻게 해석할 수 있을까?

Back up이라는 단어만 번역기에 넣으면 제대로 된 해석결과가 나오지 않는다.

문맥을 제공하는 문장을 함께 넣었을 때 알맞은 해석이 나온다.

ChatGPT의 경우도 마찬가지다.

ChatGPT는 구글 번역과 달리 어떤 상황에서 Backing up이라는 단어가 사용되는지 자세히 설명해 준다. 또 차량 후진 시 조심해야 할 부분도 알려준다.

그러면, 관용적인 표현의 경우에는 어떻게 해석되는지 알아보겠다.

미국 드라마 "Severance : 단절"에서는, 근로자의 회사 안 인격(회사 인격)과 회사 밖 인격(바깥 인격)을 단절시키는 기업 "Lumon"의 안에서 벌어지는 이야기들을 담고 있다. 즉, 내가 "회사 안의 나"와 "회사 밖의 나"로 나누어져, 서로에 대해서 전혀 모르는 상태가 되는 것이다. 회사 인격은 오직 회사 안에서만 존재하게 되는데, 어느 날 주인공 Mark의 회사 인격은 어떤 계기로 회사 밖에 나올 수 있는 기회가 생긴다. Mark는 자신의 여동생을 만나 Lumon의 어두운 실체를 알리려 한다. Mark의 여동생은 이렇게 말한다.

"Lumon has their hands in so many pies."

위에서 등장하는 "has their hands in so many pies"는 비유적으로 쓰인 표현으로, 영어사전에서 찾아보기 힘든 표현이다.

● DeepL 번역 결과

● Google 번역

● ChatGPT-3 실행 결과

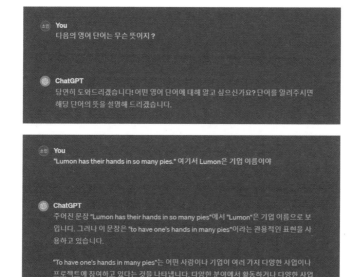

만약, 번역기로만 해석하면 기업 Lumon이 너무 많은 파이에 손을 대고 있다는, 엉뚱한 해석이 나오게 된다. 하지만 ChatGPT를 통해서, 기업 Lumon이 사회의 다양한 영역에서 활동하고 있는 막강한 기업이라는 의미를 비유한 것을 알 수 있다.

다른 예시를 들어보자. 아내를 잃은 슬픔과 무기력을 극복하려고 노력하는 Mark를 위해 Mark의 매부인 Ricken은 이렇게 말한다.

"I stand behind you."

직역하면 "너의 뒤에 서 있다."라는 뜻이다. 하지만 이는 관용적으로 사용되는 표현으로, ChatGPT는 이 표현의 상징적 의미를 정확히 읽어낸다.

● 구글 번역 결과

● ChatGPT-3 실행결과

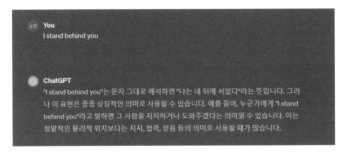

    Ricken은 물리적으로 Mark의 뒤에 서 있다고 한 것이 아닌, 고군분투하는 Mark 당신을 지지한다는 의미로 말한 것이다.

    또 Mark의 직장동료 Helly는 Mark와 함께 자신들의 바깥 인격의 모습에 대해 상상하면서, 이렇게 말한다.

"Well, that's a given for me."

    구글 번역에서는 "글쎄, 그것은 나에게 주어진 일이야."라고 해석해 의미를 이해하기 어렵다.

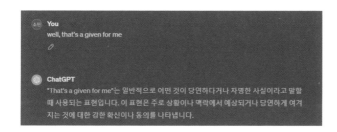

ChatGPT는 "일반적으로 어떤 것이 당연하다"고 말할 때 사용되는 표현이라고 말한다. 즉, Helly는 바깥 인격의 모습이 자신의 상상과 다르더라도, "그것은 당연한 것이다. 당연히 그럴 수 있기 때문에 내가 받아들여야 한다"라는 뜻으로 말한 것임을 알 수 있다.

예를 들어, 누군가가 "우리는 항상 최선을 다해야 해"라고 말하면, 상대방이 "That's a given for me"라고 대답하면서 그것이 당연하다는 뜻으로 그에 동의한다는 것을 나타낼 수 있습니다.

또 ChatGPT는 어떤 상황에서 이 표현을 쓸 수 있는지 예시를 들어 말하고 있다. 이렇게 ChatGPT와 함께 영단어의 사전적 의미뿐만 아니라, 관용적, 상징적 의미까지 함께 공부할 수 있다.

만약 회화 공부를 하고 싶다면, 아래 확장프로그램을 이용하면 된다.

● Talk-to-ChatGPT 확장프로그램

출처 : 구글 웹스토어 https://chrome.google.com/webstore/detail/talk-to-chatgpt

구글 웹스토어에 Talk-to-ChatGPT라는 확장프로그램을 설치한다. 마이크로소프트 Edge 브라우저에서도 같은 기능을 추가할 수 있다.

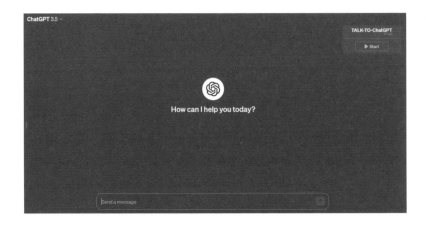

설치 후, ChatGPT의 새로운 채팅방을 열면, 오른쪽 상단에 Talk-to-ChatGPT Start 버튼이 있다. Start 버튼을 누른다.

위와 같이 빨간색 표시가 뜨면, 말을 한다.

내가 말한 내용이 텍스트로 받아 적어져 질문이 자동으로 보내지고, ChatGPT가 답변을 들려주면서 텍스트로도 함께 볼 수 있다.

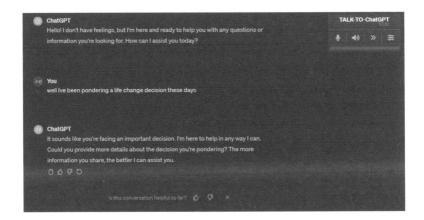

이렇게 사람과 대화하듯이, ChatGPT와의 대화를 이어가면 된다. 이러한 기능들을 잘 활용하면, ChatGPT와 함께 영어 마스터가 될 수 있다.

감성분석

ChatGPT로 문장 또는 문맥에 대해 "긍정" 혹은 "부정" 여부를 판단할 수 있는 감성분석을 할 수 있다.

긍정/부정에 대한 분류뿐만 아니라, 좋고 나쁨의 정도의 차이까지 세분하여 분류하는 것 또한 가능하다.

먼저, 단어에 대한 감정분석을 아래의 프롬프트 예시를 통해 살펴보겠다.

- 다음의 문장을 감성에 따라서 2개의 그룹으로 나누고, 감성을 요약해 줘
  ① 아주 좋아
  ② 정말 좋아

③ 좋아

④ 나빠

⑤ 정말 나빠

⑥ 아주 나빠

- 다음의 문장을 감성에 따라서 0 ~ 5점으로 분류해 줘

  ① 아주 좋아

  ② 정말 좋아

  ③ 좋아

  ④ 나빠

  ⑤ 정말 나빠

  ⑥ 아주 나빠

긍정/부정을 나타내는 말에 2개의 그룹으로 나누고, 정도 별로 점수를 매겨달라고 해보았다.

승우 아래 문장을 2개의 그룹으로 나누고, 감성을 요약해 줘

아주 좋아
정말 좋아
좋아
나빠
정말 나빠
아주 나빠

🟢 주어진 문장을 감성에 따라 두 그룹으로 나누면 다음과 같습니다:

긍정 그룹:

1. 아주 좋아
2. 정말 좋아
3. 좋아

부정 그룹:

1. 나빠
2. 정말 나빠
3. 아주 나빠

감성 요약:

긍정 그룹에 속하는 문장들은 "좋아"를 다양한 강도로 표현하고 있으며, 모두 긍정적인 감정을 나타내고 있습니다. 이들 문장은 어떤 주제나 대상에 대해 긍정적인 반응을 보이고 있을 가능성이 높습니다.

반면, 부정 그룹에 속하는 문장들은 "나빠"를 다양한 강도로 표현하고 있으며, 모두 부정적인 감정을 나타내고 있습니다. 이들 문장은 어떤 주제나 대상에 대해 부정적인 반응을 보이고 있을 가능성이 높습니다.

긍정 그룹과 부정 그룹에 해당하는 어휘들을 분류하고, 요약을 제시해 준다.

승우 다음의 문장을 감성에 따라서 0~5점으로 분류해 줘

아주 좋아
정말 좋이
좋아
나빠
정말 나빠
아주 나빠

🟢 주어진 문장들을 감성에 따라 0부터 5까지의 점수로 분류해 드리겠습니다.

0: 아주 나빠
1: 정말 나빠
2: 나빠
3: 좋아
4: 정말 좋아
5: 아주 좋아

이렇게 문장들을 감성에 따라 점수로 분류하였습니다. 숫자가 클수록 긍정적인 감성을 나타내며, 작을수록 부정적인 감성을 의미합니다.

또 감성에 대한 강도를 0~5점으로 분류해준다. "아주"가 "정말"보다 더 높은 강도의 표현이라고 판단하였으며, 숫자가 작을수록 부정적인 감성에 가까운 것으로 나타냈다.

그렇다면, 문장에 대한 감성분석 또한 가능한지 살펴보겠다.

내가 기능성 신발 깔창 제품을 기획하는 업무 담당자라고 가정해 보자. 기능성 신발 깔창 상품 리뷰가 긍정적인 리뷰인지, 부정적인 리뷰인지를 구분하여, 구매자들의 피드백을 향후 제품 개선에 반영하려 한다. 사람이 일일이 읽고 판단할 수도 있지만, 리뷰의 개수가 많고 글의 길이가 길다면 많은 시간이 소요될 것이다.

이런 상황에서, ChatGPT를 활용하면 리뷰 분석을 빠르고 쉽게 수행할 수 있다.

승우 아래의 댓글을 2가지 그룹으로 분류하고 요약해 주세요..

"신기하네요~ 계속 발목 발바닥 허리 통증으로 병원다니...
신기하네요~
계속 발목 발바닥 허리 통증으로
병원다니면서 도수치료도받고
이것저것해도 효과가 없었는데
지인의권유로 깔창부터 구매하여
신었더니 확실히 편안함을 느껴
슬리퍼까지 구매를 하게되었네요~~~
단지흠이라면 것"
"피로감이~
저는 하루종일 종종걸음을 걷는게 직업입니다.직장에서 하루에 걷는걸음이 15000보가 넘는데
요.그래서 슬리퍼중 좋다는 슬리퍼는 모두 신어봤는데요.나이도 칠십이 넘다보니 피로감이 만
만치 않았습니다.우연히 알게된 무발슬리퍼로 확실하게 피로감이 줄었구요.무릎건강도 좋아
졌답니다.감사합니다~"
"좋아요~~
에바소재가 넘 비싸긴 한데 가운데 받쳐주는건 확실해요 근데 넘 중앙인데 아치에 도움이 되는
지 잘 모르겠고 에바소재라 덮개 부분이 약해 조심해야 합니다(신발 신고 무릎굽혀 앉을 때)"
"가격이 ㅠㅠ
행사나 할인이 너무 없네요발 편한 사람을 많이 이용할수 있게 행사가 좀 있으면 좋겠네요너
무 비싸 여러개 사서 신기 부담 ㅠㅠ"
"빠르고 안전하게 배송되었습니다. 발이 편합니다.
빠르고 안전하게 배송되었습니다.
발이 편합니다."
"느무느무편한내발
병원생활하면서신고있는데발이느무편해서느무느무좋아요"
"몇년째 신다가 낡아서 새로 구매했어요 너무 편해요~
몇년째 신다가 낡아서 새로 구매했어요
너무 편해요~"
"좋네요
어머니 선물로 드렸는데 좋으시다네요"
"사이즈가 좀커요
사이즈가 좀커요"
"적응중 입니다.
적응중 입니다."

쇼핑몰에 작성된 댓글 목록 중 일부를 가져와 2가지 그룹(긍정/부정)으로 분류하고, 요약해달라고 해보았다. 위의 복사한 내용에서는 댓글의 제목과 본문이 함께 복사되어, 반복되는 어휘들이 나타나는 것을 볼 수 있다.

주어진 댓글을 기준으로 2가지 그룹으로 분류하고 요약하면 다음과 같습니다:

그룹 1: 긍정적인 리뷰

1. "신기하네요~ 계속 발목 발바닥 허리 통증으로 병원다니면서 도수치료도받고 이것저것해도 효과가 없었는데 지인의 권유로 깔창부터 구매하여 신었더니 확실히 편안함을 느껴 슬리퍼까지 구매를 하게되었네요~~~"
2. "피로감이~ 저는 하루종일 종종걸음을 걷는게 직업입니다. 직장에서 하루에 걷는걸음이 15000보가 넘는데요. 그래서 슬리퍼중 좋다는 슬리퍼는 모두 신어봤는데요. 나이도 칠십이 넘다보니 피로감이 만만치 않았습니다. 우연히 알게된 무발슬리퍼로 확실하게 피로감이 줄었구요. 무릎건강도 좋아졌답니다. 감사합니다~"
3. "빠르고 안전하게 배송되었습니다. 발이 편합니다."
4. "병원생활하면서 신고있는데 발이 느무편해서 느무느무 좋아요"
5. "몇년째 신다가 낡아서 새로 구매했어요. 너무 편해요~"
6. "어머니 선물로 드렸는데 좋으시다네요"

그룹 2: 중립적/부정적인 리뷰

1. "좋아요~~ 에바소재가 넘 비싸긴 한데 가운데 받쳐주는건 확실해요 근데 넘 중앙인데 아치에 도움이 되는지 잘 모르겠고 에바소재라 덮개 부분이 약해 조심해야 합니다(신발 신고 무릎굽혀 앉을 때)"
2. "가격이 ㅠㅠ 행사나 할인이 너무 없네요 발 분편한 사람들 많이 이용할 수 있게 행사가 좀 있으면 좋겠네요 너무 비싸 여러개 사서 신기 부담 ㅠㅠ"
3. "사이즈가 좀 커요"
4. "적응중 입니다."

요약:

- 그룹 1은 슬리퍼를 사용하여 발의 통증과 피로감을 완화하고 편안한 경험을 한 사람들의 긍정적인 리뷰입니다.
- 그룹 2는 슬리퍼의 재질, 가격, 사이즈 등에 대한 중립적 또는 부정적인 의견을 나타내는 리뷰입니다.

위의 댓글들을 긍정적인 리뷰와, 중립적/부정적인 리뷰로 구분하여 답변해 준다. 위 길이가 긴 댓글들에 대해서는, 반복되는 어휘를 줄여 간단한 문장으로 요약해준 것을 볼 수 있다.

그 중, 아래의 댓글에는 기능성 신발 깔창에 대한 사용자의 경험이 서술되어 있다. 상품에 대한 긍정 감성이 직접적인 표현보다는, 경험을 통해 드러나는 간접적인 표현으로 드러나 있다.

단지흄이라면 것"
"피로감이~
> 저는 하루종일 종종걸음을 걷는게 직업입니다.직장에서 하루에 걷는걸음이 15000보가 넘는데요.그래서 슬리퍼중 좋다는 슬리퍼는 모두 신어봤는데요.나이도 질십이 넘다보니 피로감이 만만치 않았습니다.우연히 알게된 무발슬리퍼로 확실하게 피로감이 줄었구요.무릎건강도 좋아졌답니다.감사합니다~"
"좋아요~~
에바소재가 넘 비싸긴 한데 가운데 받쳐주는건 확실해요 근데 넘 중앙인데 아치에 도움이 되는

ChatGPT는 이러한 점을 파악해 문장의 맥락을 종합적으로 읽어 긍정 리뷰로 판단한 것을 볼 수 있다.

한편, 아래의 댓글의 앞 문장에서는 상품에 대한 긍정적인 표현으로 보여진다.

졌답니다.감사합니다~"
"좋아요~~
> 에바소재가 넘 비싸긴 한데 가운데 받쳐주는건 확실해요 근데 넘 중앙인데 아치에 도움이 되는지 잘 모르겠고 에바소재라 덮개 부분이 약해 조심해야 합니다(신발 신고 무릎굽혀 앉을 때)"
"가격이 ㅠㅠ
행사나 할인이 너무 없네요발 분편한 사람들 많이 이용할수 있게 행사가 좀 있으면 좋겠네요너

그러나 이어진 뒷문장에서 상품의 부정적인 경험을 읽고, 부정 리뷰로 분류하였다.

이외에도 "적응 중입니다.", 혹은 "사이즈가 좀 커요."와 같이 상품 자체에 대한 감성 표현이 명확하지 않은 경우에는, 중립/부정적인 리뷰로 분류하였다.

위와 같은 부정적인 피드백을 바탕으로, 기능성 신발 깔창 제품의 향후 개선 방향도 함께 도출해달라고 요청할 수 있다.

기능성 신발 깔창의 향후 개선 방향은 다음과 같이 요약됩니다:

1. 발걸음 유도 기능 개선: 발걸음을 보다 자연스럽고 바른 방향으로 유도하는 기능성 깔창의 성능을 개선할 것으로 예상됩니다. 특히 발의 아치를 자극하여 보행 시 발걸음을 개선하고 피로를 줄여주는 기능이 강화될 것으로 기대됩니다.
2. 낙상 방지 기능 강화: 낙상 방지 슬리퍼와 같이 안전성을 높이는 기능성 깔창들의 개발이 예상됩니다. 고탄성 및 충격 흡수 기능을 통해 미끄러짐을 방지하고 발의 안정성을 높여주는 기술적인 혁신이 기대됩니다.
3. 맞춤형 제작 기술 발전: 발의 개별적인 특성을 고려한 맞춤형 깔창 제작 기술이 더욱 발전할 것으로 예상됩니다. 풋스캐너 등의 현대적인 기술을 도입하여 10초 내에 고객의 발을 분석하고 최적화된 깔창을 제공하는 서비스가 더욱 발전할 것입니다.

기능성 깔창 기업들은 소비자의 발건강과 편안함에 대한 요구를 만족시키기 위해 지속적인 기술적인 혁신과 연구에 주력하며, 이러한 개선 방향들이 시장에서 더욱 높은 인기를 얻을 수 있을 것으로 전망됩니다.

앞선 "아치에 도움이 되는지 잘 모르겠다, 또는 덮개 부분이 약해 조심해야 한다"라는 부정적인 피드백을 반영하여, 위와 같이 개선 방향을 제시해주었다.

발의 아치를 자극해 기능성 깔창의 성능을 개선하고, 고탄성 및 충격 흡수 기능(또는 재질) 등을 통해 안정성을 높여주는 기술이 필요하다고 언급하고 있다.

또 "적응 중입니다.", 혹은 "사이즈가 좀 커요."와 같은 리뷰들을 바탕으로, 사람마다 다른 발이 개별적인 특성을 고려해, 풋스캐너 기술을 노입하여 고객의 발 맞춤형 깔창으로 발전시키는 방안을 제안한다.

이렇게 상품에 대한 리뷰를 분석하고, 리뷰 내용을 바탕으로 향후 제품 개선 방향을 도출하는 작업을 ChatGPT로 자동화할 수 있다. ChatGPT를 활용하면, 리뷰를 수집하고 분류하는 피로도를 줄이고, 창의적인 개선 방안을 구상하여 제품 보고서를 작성하는데 도움이 될 것이다.

주제어 추출과 분석 요약

업무나 혹은 일상에서 쓰이는 여러 문서에서, ChatGPT로 각 문단 혹은 항목에 대한 주제어를 추출할 수 있다. 아래 예시를 통해 알아보자.

아래 문서에서 작업 공정 이름만 추출해 줘.
결과를 한줄에 하나씩 글머리 번호 를 포함해서 가능한 간단하게 표시해 줘

* 홍보지구 천북공구 토목공사 현장입니다.

* 주요공종은 목공, 장비, 토공사가 이루어지고 있으며, 해당 인원에 대한 측정을 실시하였습니다.

1. 장비운전(BH) : 4명 (1조1교대 9시간)
   유해인자 : 소음,기타광물성분진, 석영

2. 토공사   : 5명(1조 1교대 9시간)
   유해인자 : 소음, 기타광물성분진,석영

3. 목공   : 2명 (1조1교대 9시간)
   유해인자 : 소음, 기타광물성분진

4. 용접   : 1명 (1조1교대 9시간)
   유해인자 : 소음, 용접흄, 산화철분진과흄, 이산화티타늄

한 토목 공사 현장의 작업 분야에 대한 문서를 바탕으로, 작업 공정 이름만 추출해달라고 해보았다. 그리고 추출한 결과가 알아보기 쉽도록, 결과를 한 줄에 하나씩 글머리 번호를 포함해달라고 요청하였다.

아래는 ChatGPT의 답변 결과이다.

아래 문서에서 작업 공정 이름을 추출하면 다음과 같습니다:

장비운전(BH)
토공사
목공
용접
위의 작업 공정 이름은 번호를 포함하여 한 줄에 하나씩 간단하게 표시되었습니다.

4가지의 공정에 대한 주제어가 잘 추출되었다. 그러나 결과를 한 줄에 하나씩 잘 표시하였지만, 글머리 번호를 포함하지 않았다. 또 번호를 포함하였다고 했으나, 포함되어 있지 않다.

이 경우, 위에서 추출한 주제어에 글머리 번호를 붙여달라고 하면, 위에서 답변한 내용을 가져와 다시 생성해 준다.

이렇게 원하는 형식에 맞게 주제어를 추출할 수 있다.

그렇다면, 길고 복잡한 문서의 경우 문서의 내용을 분석하여 간단히 요약해 줄 수 있는지도 살펴보겠다.

만약 여러분이 어떤 기업의 주식에 투자하기 위해, 그 기업의 재무 상태를 분석하는 상황이라고 가정해 보자. 일반적으로 재무제표를 분석자료로 많이 참고한다. ChatGPT에게 재무상태표에 대한 분석과 요약을 요청해보자.

먼저, 재무상태표를 가져오기 위해, 다음 사이트에 접속한다.

https://dart.fss.or.kr/

"공시통합검색"에서 회사명 혹은 종목코드를 입력한다. 그리고 공시 유형에 "정기공시"를 체크하여 검색한다.

반기 보고서, 분기 보고서, 사업 보고서 등이 조회되는데, 분석하기 원하는 기간에 맞게 보고서를 선택하여 보고서명을 클릭한다.

그러면 다음과 같이 보고서를 볼 수 있는 팝업창이 나타난다.

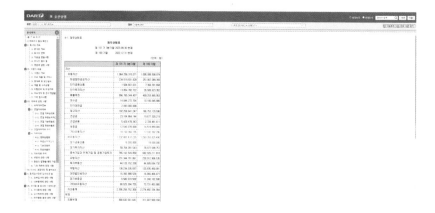

분석하기 원하는 자료를 찾아 관련 내용을 복사한다. 이번 예시의 경우 재무상태표의 내용을 복사해보겠다.

그리고 아래와 같은 프롬프트 입력하고, 줄을 바꾸어 붙여넣기 한다.

아래의 재무상태표를 분석하고, 글머리 기호를 포함한 5문장으로 요약해줘.
<shift + Enter (줄바꿈)>

• 재무상태표 복사한 내용 붙여넣기

재무상태표를 분석한 내용을 바탕으로 글머리 기호를 포함한 5개의 문장으로 요약해달라고 해보았다. 다음은 ChatGPT의 답변이다.

🌐 KSW GPT4

- 이 회사의 총 자산은 지난 3년 동안 점차 증가하였으며, 제98기에 비해 제100기에서는 약 3.3% 상승한 2,472조 원으로 나타났습니다.
- 유동자산 중에서는 '현금 및 현금성 자산'과 '매출채권'이 가장 큰 비중을 차지하며, 이 두 항목 모두 제98기 대비 제100기에서 증가한 것으로 보입니다.
- 부채의 경우에도 마찬가지로 지속적인 증가 추세를 보이고 있으며, 특히 유동부채의 증가율이 높아 보입니다. 그러나 비유동부채는 제99기 대비 제100기에서 감소하였습니다.
- 자본 부분에서는 이익잉여금이 가장 큰 비중을 차지하고 있으며, 이익잉여금은 지속적으로 증가하는 추세를 보여주고 있습니다.
- 전체적으로 볼 때, 이 회사의 재무 상태는 안정적인 성장을 보이고 있는 것으로 해석됩니다.

사람이 직접 읽고 분석하지 않아도, ChatGPT를 통해 문서의 대략적인 사실을 파악할 수 있다. 물론, 실제로 업무 보고서 등에 활용한다면 내용에 대해 한번 검증해 볼 필요가 있다. 이렇게 어떤 문장을 대표하는 주제어를 추출하거나, 길고 복잡한 문서의 내용 요약이 필요할 때, ChatGPT를 활용하면 기초자료를 빠르고 간단하게 생성할 수 있다.

프로그램 작성

데이터 분석과 자동화를 위한 프로그램을 작성해야 한다면 어떻게 할까? 프로그래밍에 대한 기본 지식만 있다면, ChatGPT를 활용해서 프로그램을 쉽고 빠르게 작성할 수 있다. 내가 코드를 직접 작성할 줄 몰라도, 코드를 읽고 실행하는 방법만 안다면 ChatGPT의 도움을 받아 프로그램을 완성할 수 있다.

음식점의 동전 거스름돈 계산을 도와주는 로봇 프로그램을 만든다고 가정해 보자. ChatGPT가 더 정확히 대답하게 하려면 다음과 같이 GPT의 역할을 지시할 수 있다.

예시 : 당신은 [역할명 : 차트 전문가, 프로그래머, 금융 전문가, ...] 이다.

다음 질문에 대답해 줘.

그럼 ChatGPT에게 음식점의 계산을 도와주는 프로그램을 만들어달라고 요청해보자.

당신은 프로그래머이다.

음식점의 계산을 도와주는 프로그램을 작성하려고 한다.

다음의 조건을 기반으로, 거슬러 줘야 할 동전의 최소 개수를 구하는 파이썬 프로그램을 작성해줘.

1. 카운터에는 거스름돈으로 사용할 500원, 100원, 50원, 10원짜리 동전이 무한히 존재한다고 가정한다.

2. 손님에게 거슬러줘야 할 돈이 N원을 입력받으며, N은 항상 10의 배수이다.

ChatGPT에게 "프로그래머"라는 역할을 지시했고, 동전을 거스르는 규칙을 1번과 2번으로 나누어, 단계별로(Step by Step)으로 명시하였다. 그러면 ChatGPT가 다음과 같이 프로그램을 작성해준다.

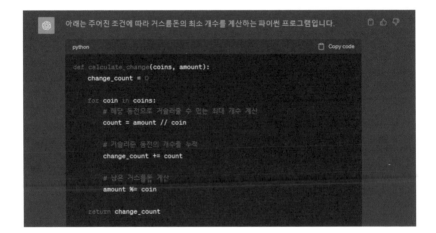

```
def main():
    # 거스름돈으로 사용할 동전 종류
    coins = [500, 100, 50, 10]

    # 거슬러줘야 할 돈 입력
    amount = int(input("손님에게 거슬러줘야 할 돈(N원)을 입력하세요: "))

    # 입력된 돈이 10의 배수인지 확인
    if amount % 10 != 0:
        print("입력된 돈이 10의 배수가 아닙니다. 다시 입력해주세요.")
        return

    # 거스름돈 계산 및 출력
    change_count = calculate_change(coins, amount)
    print(f"거스름돈의 최소 개수는 {change_count}개 입니다.")

if __name__ == "__main__":
    main()
```

이 프로그램은 거슬러줘야 할 돈과 동전의 종류를 입력받아, 최소 개수의 동전을 사용하여 거슬러주는 기능을 제공합니다.

위의 파이썬 코드를 바로 실행할 수 있는 환경인 Google Colaboratory의 notebook 파일에 붙여 넣으면 다음과 같이 매우 잘 작동한다.

```
1   def calculate_change(coins, amount):
2       change_count = 0
3
4       for coin in coins:
5           # 해당 동전으로 거슬러줄 수 있는 최대 개수 계산
6           count = amount // coin
7
8           # 거슬러준 동전의 개수를 누적
9           change_count += count
10
11          # 남은 거스름돈 계산
12          amount %= coin
13
14      return change_count
15
16  def main():
17      # 거스름돈으로 사용할 동전 종류
18      coins = [500, 100, 50, 10]
19
20      # 거슬러줘야 할 돈 입력
21      amount = int(input("손님에게 거슬러줘야 할 돈(N원)을 입력하세요: "))
22
23      # 입력된 돈이 10의 배수인지 확인
24      if amount % 10 != 0:
25          print("입력된 돈이 10의 배수가 아닙니다. 다시 입력해주세요.")
26          return
27
28      # 거스름돈 계산 및 출력
29      change_count = calculate_change(coins, amount)
30      print(f"거스름돈의 최소 개수는 {change_count}개 입니다.")
31
32  if __name__ == "__main__":
33      main()
34
```
```
손님에게 거슬러줘야 할 돈(N원)을 입력하세요: 1260
거스름돈의 최소 개수는 6개 입니다.
```

손님에게 거슬러줘야 할 돈 1,260원의 동전 개수는 최소 6개가 된다. 사실 이 프로그램은 그리디 알고리즘의 대표적인 예시 문제이다.

프로그램 작성 후, ChatGPT에게 확인하였더니 위와 같이 그리디 알고리즘을 사용해 프로그램을 작성했다고 답하고 있다.

이처럼 프로그램의 목적과 요구사항(조건)들을 명확히 하고 프롬프트로 정리해 질문한다면, ChatGPT가 문제의 유형을 파악하여 그에 적합한 알고리즘을 선택해 프로그램을 작성해준다.

만일, 프로그램의 알고리즘을 설명하기 어려운 경우라면 '퓨샷 프롬프팅(Few-shot Prompting)' 방법을 사용할 수 있다. 이는 프로그램의 입력과 출력을 예시로 들어 해당 결과가 나올 수 있도록 프로그램을 작성하도록 지시하는 것이다.

다음의 예시를 보면, 주어진 파일에서 package 이름, interface 이름, SID, implementation을 추출하는 프로그램을 예시를 통해 작성하도록 지시하는 것을 볼 수 있다.

주어진 파일에서 다음의 조건의 라인을 순서대로 찾아서,
지정된 정보를 추출하는 python code를 작성해 줘.
추출한 정보는 주어진 JSON 형식으로 만들어 줘.
그리고, 테스트할 수 있는 코드도 추가해 줘

1. package로 시작하는 라인에서 package 이름 : 파일에 1개
예 : package com.sds.healthcare.ehr.med.md.mdp.svc; ==>
com.sds.healthcare.ehr.med.md.mdp.svc

2. interface를 포함한 라인에서 interface 이름 : 파일에 1개
예 : public interface ApcAdmsApntRptnIntgMngmSvc{ ==>
ApcAdmsApntRptnIntgMngmSvc

3. ServiceMapping에서 SID와 implementation : 파일에 여러개
예)   @ServiceIdMapping("MdpAcsPtntSelectSID")
           MdpAcsPtntSVOgetAcsPtnt(MdpAcsPtntSVOinputVO);
     ==>   MdpAcsPtntSelectSID, getAcsPtnt

출력 형식 :
{
 'MdpAcsPtntSelectSID' : {
          'package' : 'com.sds.healthcare.ehr.med.md.mdp.svc' ,
          'interface' : 'ApcAdmsApntRptnIntgMngmSvc' ,
          'implementation' : 'getAcsPtnt'
 }
 ...
}

생성된 프로그램

```
import re
import json

def extract_info(file_path):
    result = {}
```

```python
    package_name= ""
    interface_name= ""

    with open(file_path, 'r', encoding='utf-8') as file:
        content = file.read()

    # 1. 패키지 이름 추출
    package_match= re.search(r'package\s+([\w.]+);', content)
    if package_match:
        package_name= package_match.group(1)

    # 2. 인터페이스 이름 추출
    interface_match= re.search(r'interface\s+(\w+)', content)
    if interface_match:
        interface_name= interface_match.group(1)

    # 3. ServiceMappingSID와 implementation 추출
    for match in
re.finditer(r'@ServiceIdMapping\("(\w+)"\)\s*(\w+)\s+(\w+)\(',
content):
        sid= match.group(1)
        implementation = match.group(3)

        result[sid] = {
            'package': package_name,
            'interface': interface_name,
            'implementation': implementation
        }

    return result

# 테스트 코드
def test_extract_info():
```

```
    # 테스트용 임시 파일 생성
    test_content= """
package com.sds.healthcare.ehr.med.md.mdp.svc;

public interface ApcAdmsApntRptnIntgMngmSvc{
    @ServiceIdMapping("MdpAcsPtntSelectSID")
    MdpAcsPtntSVOgetAcsPtnt(MdpAcsPtntSVOinputVO);

    @ServiceIdMapping("AnotherSID")
    void anotherMethod(SomeTypeparam);
}
"""
    with open('test_file.java', 'w', encoding='utf-8') as f:
        f.write(test_content)

    # 함수 실행
    result = extract_info('test_file.java')

    # 결과 검증
    assert result['MdpAcsPtntSelectSID']['package'] ==
'com.sds.healthcare.ehr.med.md.mdp.svc'
    assert result['MdpAcsPtntSelectSID']['interface'] ==
'ApcAdmsApntRptnIntgMngmSvc'
    assert result['MdpAcsPtntSelectSID']['implementation'] ==
'getAcsPtnt'

    assert result['AnotherSID']['package'] ==
'com.sds.healthcare.ehr.med.md.mdp.svc'
    assert result['AnotherSID']['interface'] ==
'ApcAdmsApntRptnIntgMngmSvc'
    assert result['AnotherSID']['implementation'] == 'anotherMethod'

    print("테스트 통과!")
```

```
# 결과 출력
print(json.dumps(result, indent=2))
```

```
# 테스트 실행
test_extract_info()
```

이외에도 표를 가지고 차트를 자동으로 그리는 시각화 코드를 생성하거나, 보도자료, 기획안 등을 작성할 수 있는데 그 부분은 뒤에서 자세히 알아보겠다.

코드 리뷰하기

프로그램을 실행시키다가 발생한 에러로 인해 골머리를 앓은 적이 있는가? 자주 발생하는 에러 유형이거나, 이전에 해결한 에러와 비슷한 유형이라면 금방 해결할 수 있지만, 그렇지 않다면 에러 해결은 프로그램을 작성하는데 많은 시간을 잡아먹게 된다.

또 프로그램을 작성하다 보면, 프로그램의 완성도를 위해 기존의 코드를 수정하거나, 프로그램 로직을 변경해야 할 일이 생기게 된다. 함께 개발하는 팀원들과 코드 리뷰를 통해 프로그램 코드가 더 효율적으로 실행되도록 코드를 업데이트하게 되는데, 혼자 개발을 하는 상황이라면 코드 리뷰가 막막할 수 있다.

이 때, 내가 작성한 프로그램은 물론, ChatGPT로 작성한 프로그램에 대해서도 ChatGPT에게 코드 리뷰를 요청할 수 있다. ChatGPT와의 문답을 통한 프로그램 에러 해결 또한 가능하다. 아래의 예시를 통해 살펴보겠다.

다음은 두 개의 입력 값을 받아서, 두 값을 곱한 값을 4로 나눈 몫과 나머지를 구하는 사칙연산 프로그램이다. 그런데 아래의 그림과 같이 프로그램 실행 과정에서 TypeError가 발생하였다.

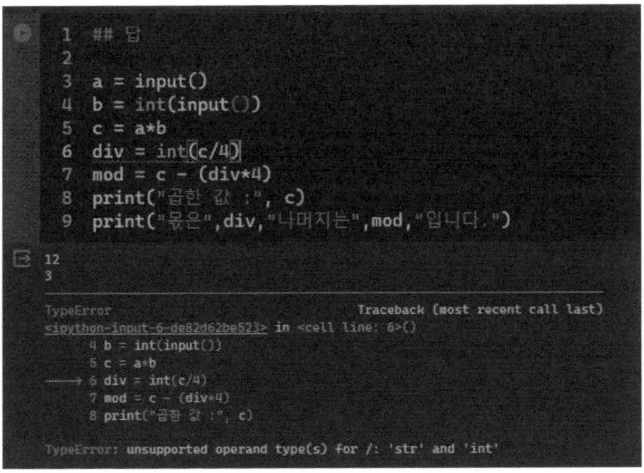

ChatGPT에게 다음과 같은 프롬프트와 함께 프로그램에 대한 설명과 프로그램 코드를 붙여넣기 하여 질문해 보았다.

작성한 프로그램에 대해 피드백을 부탁해.

프로그램 설명 : 두개의 입력(a,b)을 받아서 곱한값을 c라는 저장하고, c를 4로 나눈 몫과 나머지를 출력한다.

작성한 코드 :

a = input()
b = int(input())
c = a*b

```
div = int(c/4)
mod = c - (div*4)
print("곱한 값 :", c)
print("몫은",div,"나머지는",mod,"입니다.")
```

그러면 ChatGPT가 프로그램에 대한 몇 가지 개선점을 제시해 주고, 수정된 코드 또한 생성하여 답변을 제공한다.

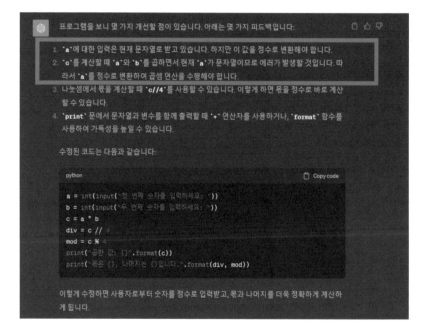

위의 박스로 강조된 부분을 보면, 값을 사용자로부터 입력 받을 때 문자열로 받고 있기 때문에 값을 연산하면서 에러가 발생한 것이며, 입력 받은 값을 정수로 변환해야 한다는 해결 방안을 제시한다.

ChatGPT가 수정한 코드를 실행시켜 보면, 다음의 그림과 같이 문제없이 프로그램이 실행되는 것을 확인할 수 있다.

```
1  a = int(input("첫 번째 숫자를 입력하세요: "))
2  b = int(input("두 번째 숫자를 입력하세요: "))
3  c = a * b
4  div = c // 4
5  mod = c % 4
6  print("곱한 값: {}".format(c))
7  print("몫은 {}, 나머지는 {}입니다.".format(div, mod))
8
```

```
첫 번째 숫자를 입력하세요: 10
두 번째 숫자를 입력하세요: 3
곱한 값: 30
몫은 7, 나머지는 2입니다.
```

위와 같이 간단한 프로그램 뿐만 아니라, 복잡한 프로그램일 경우에도 해당 부분의 코드와 함께 에러 유형을 첨부하면 에러 해결에 대한 실마리를 얻을 수 있다.

아래 코드를 실행시키면 422에러가 나는데, 원인을 찾아줘.

(코드 첨부)

ChatGPT

422 에러는 Unprocessable Entity(처리할 수 없는 엔터티)를 나타냅니다. 이는 클라이언트의 요청이 서버에서 처리할 수 없는 형식이거나 유효하지 않은 데이터를 포함하고 있을 때 발생합니다. 여러 이유로 422 에러가 발생할 수 있지만, 여기서 몇 가지 가능성을 살펴보겠습니다.

1. **이미지 파일 전송 문제:** 파일이나 이미지를 업로드할 때, 클라이언트에서 전송한 데이터가 예상과 다를 경우 422 에러가 발생할 수 있습니다. 클라이언트가 제대로된 파일을 전송했는지 확인하세요.

2. **파일 경로 문제:** 이미지 파일이 올바른 경로에 저장되었는지 확인해야 합니다. `image_path_1` 변수가 제대로 설정되었는지 확인하고, 해당 경로가 존재하는지 확인하세요.

3. **데이터 형식 문제:** 클라이언트에서 전달한 데이터 형식이 예상과 다를 경우 422 에러가 발생할 수 있습니다. 클라이언트에서 전달한 데이터 형식과 서버에서 예상하는 형식이 일치하는지 확인하세요.

4. **파일 없이 호출할 때의 문제:** 파일이 없을 때는 `file` 변수가 `None`이 되는데, 이 경우 `file` 변수를 사용하여 데이터베이스에 저장할 때 문제가 발생할 수 있습니다. 파일이 없을 때는 `file` 변수를 사용하지 않도록 주의하세요.

이러한 사항들을 확인하고 수정해보세요. 만약에도 문제가 해결되지 않는다면, 클라이언트에서 어떤 요청을 보냈는지와 더 자세한 에러 메시지를 확인하여 문제의 원인을 찾아야 할 것입니다.

하지만 유의할 점은 프롬프트에 첨부한 코드와 데이터가 외부로 유출된다는 위험이 있기 때문에, 업무 상황에서 사용할 시에는 반드시 주의가 필요하다.

한편, 에러 해결 이외에도, ChatGPT에게 기술적 질문을 포함한 전반적인 코드 리뷰를 요청할 수 있다. 다음의 예시를 통해 살펴보겠다.

딥러닝 모델을 훈련시키는 도중에 나타난 UserWarning(사용자 경고)이다. 경고가 발생해도 프로그램을 실행하는데 문제는 없으나, 이러한 경고를 간과하고 개발을 진행하다 보면 나중에 머리 아픈 일이 발생할 수 있다. 그렇다면 경고가 왜 발생했는지를 알아보자.

● 해당 프로그램의 모델 훈련 중의 Accuracy(정확도)와 Loss(손실) 변화

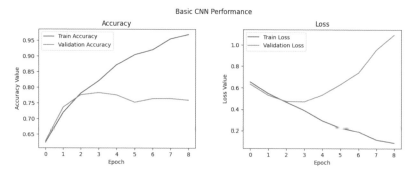

● 해당 프로그램의 경고가 발생한 부분의 코드

```
1
2  cnn_model.compile(
3      optimizer=keras.optimizers.Adam(),
4      loss=keras.losses.BinaryCrossentropy(from_logits=True),
5      metrics=['acc'],
6  )
7
8  epochs = 1000
9
10
11 history = cnn_model.fit( train_ds, epochs=epochs, validation_data= validation_ds,
12          callbacks=[es])
13
```

● 해당 프로그램의 모델 훈련 1회차부터 발생한 UserWarning

```
Epoch 1/1000
/usr/local/lib/python3.10/dist-packages/keras/src/backend.py:5820: UserWarning: "`binary_crossentropy` received `from_logi
  output, from_logits = _get_logits(
291/291 [==============================] - 30s 61ms/step - loss: 0.6538 - acc: 0.6240 - val_loss: 0.6341 - val_acc: 0.6281
Epoch 2/1000
291/291 [==============================] - 8s 27ms/step - loss: 0.5481 - acc: 0.7197 - val_loss: 0.5307 - val_acc: 0.7365
Epoch 3/1000
291/291 [==============================] - 8s 27ms/step - loss: 0.4672 - acc: 0.7811 - val_loss: 0.4740 - val_acc: 0.7760
Epoch 4/1000
291/291 [==============================] - 8s 28ms/step - loss: 0.3905 - acc: 0.8206 - val_loss: 0.4714 - val_acc: 0.7829
Epoch 5/1000
291/291 [==============================] - 9s 31ms/step - loss: 0.2950 - acc: 0.8716 - val_loss: 0.5327 - val_acc: 0.7756
Epoch 6/1000
291/291 [==============================] - 8s 26ms/step - loss: 0.2279 - acc: 0.9045 - val_loss: 0.6308 - val_acc: 0.7524
Epoch 7/1000
291/291 [==============================] - 8s 28ms/step - loss: 0.1901 - acc: 0.9205 - val_loss: 0.7396 - val_acc: 0.7640
Epoch 8/1000
291/291 [==============================] - 8s 28ms/step - loss: 0.1157 - acc: 0.9553 - val_loss: 0.9525 - val_acc: 0.7644
Epoch 9/1000
291/291 [==============================] - 9s 30ms/step - loss: 0.0880 - acc: 0.9690 - val_loss: 1.0922 - val_acc: 0.7592
```

```
Epoch 1/1000
/usr/local/lib/python3.10/dist-packages/keras/src/backend.py:5820: UserWarning: "`binary_crossentropy` received `from_logits=True`,
but the `output` argument was produced by a Sigmoid activation and thus does not represent logits. Was this intended?
  output, from_logits = _get_logits(
```

다음은 위에서 발생한 경고를 바탕으로, ChatGPT 및 뤼튼에 질문한 결과이다.

● GPT – 3.5 실행 결과

 소민 binary crossentropy 로스 함수에서 from_logit의 True/False 차이에 대해서, 하나의 예시를 들어 처리되는 중간 과정을 자세히 설명해줘.

이진 교차 엔트로피(Binary Cross-Entropy) 손실 함수는 주로 이진 분류(binary classification) 작업에서 사용되며, 모델의 예측과 실제 레이블 간의 차이를 측정하는 데 도움을 줍니다.
`from_logits` 매개변수는 이진 교차 엔트로피 손실 함수를 사용할 때 로짓(logit) 값으로부터 소프트맥스 활성화(softmax activation)를 사용하는지 여부를 지정하는 것입니다.

1. `from_logits=True`:
   이 경우, 로짓 값에서 소프트맥스 활성화를 사용합니다. 로짓은 일반적으로 모델의 출력 직전의 선형 변환 값으로, 소프트맥스 함수를 적용하면 확률 분포로 변환됩니다. 이 경우, 손실 함수는 로짓 값을 입력으로 받고 내부적으로 소프트맥스 함수를 적용하여 확률을 계산하고 이를 기반으로 손실을 계산합니다.
   예를 들어, 모델이 이진 분류를 수행하고 로짓 값을 [-1.2, 2.4]와 같이 출력했다고 가정합니다. 소프트맥스 함수를 적용하면 [0.1101, 0.8899]와 같은 확률 분포가 생성됩니다. 이 확률 분포를 기반으로 손실을 계산하고 실제 레이블과 비교하여 모델의 성능을 평가합니다.

GPT-3.5에서는 경고를 일으킨 함수의 파라미터에 대해 자세히 설명해 주지만, 어떤 경우에 파라미터를 True/False로 설정해야 하는지에 대해서는 이해하기 쉽게 답변하지 못한다.

● 뤼튼(GPT − 4) 실행 결과

binary crossentropy 로스 함수에서 from_logit = True와 from_logit=False 차이에 대해서, 예시를 들어 처리되는 중간 과정을 자세히 설명해줘.

보라신발춘 GPT4

"from_logits"는 입력값을 확률분포로 해석할지, 아니면 로짓으로 해석할지 결정하는 파라미터입니다.

from_logits=True일 때:
입력값은 로짓으로 해석됩니다. 이는 확률을 나타내는 값이 아니라 분류되기 전의 원시 예측값(즉, 신경망의 출력)을 나타냅니다. 이 입력값은 소프트맥스 함수를 통과하지 않으므로, 각 값은 -무한대에서 +무한대의 범위를 가질 수 있습니다. 이 로짓값은 소프트맥스 함수를 통과하여 확률로 변환되며, 이후에 이 확률을 사용하여 크로스 엔트로피 손실을 계산합니다.
예를 들어, 입력값이 [2.0, 1.0]이라면, 이는 로짓값으로 해석되어 소프트맥스 함수를 통과하여 [0.73, 0.27]의 확률분포로 변환됩니다. 이 확률분포는 그 다음에 실제 레이블과 함께 크로스 엔트로피 손실을 계산하는데 사용됩니다.

from_logits=False일 때:
입력값은 확률분포로 해석됩니다. 즉, 각 값은 0과 1 사이의 값이며, 모든 값의 합은 1입니다. 이 확률분포는 직접 크로스 엔트로피 손실을 계산하는데 사용됩니다.
예를 들어, 입력값이 [0.7, 0.3]이라면, 이는 이미 확률분포로 해석되어 크로스 엔트로피 손실을 계산하는데 바로 사용됩니다.

"from_logits" 파라미터의 선택은 모델의 출력 레이어와 손실 함수를 설계하는 방법에 따라 달라집니다. 소프트맥스 활성화 함수를 사용하는 출력 레이어를 가진 모델은 "from_logits=False"를, 그렇지 않은 모델은 "from_logits=True"를 선택해야 합니다.

연관링크   hwiyong.tistory.com   tensorflow.org   stackoverflow.com

GPT-4의 기능을 일부 이용할 수 있는 뤼튼의 답변 결과를 보면, GPT-3.5와 마찬가지로 먼저 해당 함수의 파라미터를 True와 False로 설정했을 때의 차이에 대해 설명하고 있다.

그리고 마지막 문단에서, 어떤 경우에 from_logits 파라미터를 True 또는 False로 설정해야 하는지에 대해 명확히 알기 쉽도록 답변하고 있다.

"from_logits" 파라미터의 선택은 모델의 출력 레이어와 손실 함수를 설계하는 방법에 따라 달라지며, "Softmax" 활성화 함수를 사용하는 출력 레이어를 가진 모델은 해당 파라미터를 False로, 그렇지 않은 모델은 True로 설정해야 한다고 말한다.

위에서 예시를 든 해당 프로그램의 경우, 모델의 출력 레이어에서 "Sigmoid"함수를 사용하였기 때문에, 손실함수에서 "from_logits" 파라미터를 True로 설정하는 것이 맞는 방법이다. 하지만 경고가 발생한 이유는 해당 모델이 해결하는 문제 유형이 이미지에서 강아지(1)와 고양이(0)를 판별하는 이진분류 문제로, 두 개의 출력 값의 합이 1에 가까운 확률분포로 해석되었기 때문에 그러한 경고가 나타난 것으로 ChatGPT가 생성한 답변을 통해 추론해 볼 수 있다.

이외에도, 작성한 프로그램의 특정 부분이 동작하지 않을 때도 다음과 같이 질문해 볼 수 있다.

아래의 함수에서 파일을 업로드 하였는데도 else : 부분의 코드가 왜 동작하지 않는지 이유를 알려줘.
(Shift + Enter)
(나의 코드 복사 붙여넣기)

분명 else의 경우에 해당되는데도, 그 부분의 코드가 동작하지 않는다. ChatGPT는 코드가 동작하지 않는 원인에 대해, 전체 코드를 종합적으로 파악하고 해결책을 제시해 준다. 그리고 ChatGPT가 수정한 코드를 바탕으로, 해당 부분의 코드를 수정하면 코드가 정상적으로 작동하게 된다.

이렇게 코드 리뷰가 필요한 부분의 코드와 에러 내용, 코드에 대한 질문 내용을 정리하여 위에서 사용한 프롬프트와 함께 ChatGPT에게 질문하면, 더 완성도 있는 프로그램을 작성할 수 있을 것이다.

프로그램 문서화

작성한 프로그램 코드를 외부와 공유할 때, 반드시 거쳐야 할 절차가 있다.

개발자라면 모두가 귀찮아 하는 프로그램 문서화 과정이다.

프로그램 문서화(Program Documentation)란 내가 작성한 프로그램 코드에 대해 다른 사람이 알아보기 쉽도록 코드에 자세하게 주석(설명)을 다는 과정이다.

프로그램의 기능 하나하나에 대해 모두 설명을 해야 하기 때문에, 작성해야 할 내용도 많고 시간도 오래 걸리는 번거롭지만 필수적인 작업이다. 이러한 프로그램 문서화 작업을 ChatGPT를 이용하여 자동화할 수 있다. 아래의 예시를 들어 살펴보자.

Could you make a documentation on the following python code? :
<shift + Enter>
(프로그램 코드 복사 붙여넣기)

```
from bs4 import BeautifulSoup
import requests
def extract_text_from(url):
    # html = requests.get(url).text
    req = requests.get(url)

    soup = BeautifulSoup(req.content.decode("utf8","replace"), features="html.parser")
    # soup = BeautifulSoup()
    text = soup.get_text()
    lines = (line.strip() for line in text.splitlines())
    return '\n'.join(line for line in lines if line)
```

정확한 결과를 얻기 위해 영어로 질문을 작성하고, 문서화 대상이 되는 프로그램 코드를 복사해서 첨부하였다.

아래는 GPT-3.5의 문서화 결과이다.

 Certainly! This Python code uses the BeautifulSoup library to extract text content from a
given URL. Here's a documentation for the provided code:

Module: Web Scraping with BeautifulSoup

Purpose:

The purpose of this module is to extract text content from a given URL using the
BeautifulSoup library. BeautifulSoup is a powerful library for pulling data out of HTML and
XML files.

Dependencies:

* BeautifulSoup: A Python library for pulling data out of HTML and XML files.

Function:

`extract_text_from(url)`

Parameters:

* `url` (string): The URL of the webpage from which text needs to be extracted.

Returns:

* A string containing the extracted text from the specified URL.

Steps:

1. Send an HTTP GET request to the provided URL using the `requests.get()` method.
2. Create a BeautifulSoup object by parsing the content of the HTTP response using the
   HTML parser.
3. Extract the text content of the HTML document using the `get_text()` method of the
   BeautifulSoup object.
4. Process the text by stripping leading and trailing whitespaces from each line and joining the
   lines together.

Example Usage:

```python
url = "https://example.com"
extracted_text = extract_text_from(url)
print(extracted_text)
```

Example:

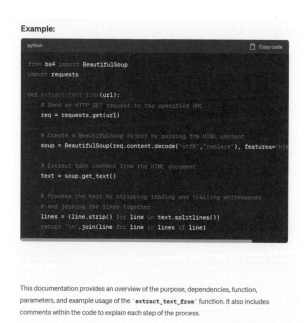

```python
from bs4 import BeautifulSoup
import requests

def extract_text_from(url):
    # Send an HTTP GET request to the specified URL
    req = requests.get(url)

    # Create a BeautifulSoup object by parsing the HTML content
    soup = BeautifulSoup(req.content.decode("utf8","replace"), features="ht

    # Extract text content from the HTML document
    text = soup.get_text()

    # Process the text by stripping leading and trailing whitespaces
    # and joining the lines together
    lines = (line.strip() for line in text.splitlines())
    return '\n'.join(line for line in lines if line)
```

This documentation provides an overview of the purpose, dependencies, function, parameters, and example usage of the `extract_text_from` function. It also includes comments within the code to explain each step of the process.

프로그램의 목적은 무엇이고, 프로그램에 사용된 라이브러리와, 사용된 함수에 대해 자세히 설명하고 있다. 특히 사용된 함수에서는, 함수가 입력받는 값은 어떤 값이고, 함수의 반환 값으로는 어떤 것이 반환되는지, 필수적으로 설명해야 할 부분에 대해 자동으로 설명을 생성하였다.

그리고 Steps에서는 해당 코드의 실행과정을 단계적으로 풀어 설명하고 있으며, Examples에서 매 줄마다 코드를 설명하는 주석도 함께 달아주었다.

그러면, 같은 사례의 뤼튼(GPT-4) 실행 결과도 함께 보겠다.

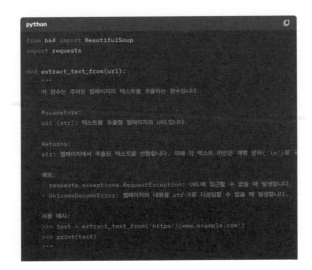

```
다음 파이썬 코드에 대한 Documentation을 작성해줘.
from bs4 import BeautifulSoup
import requests
def extract_text_from(url):
# html = requests.get(url).text
req = requests.get(url)

soup = BeautifulSoup(req.content.decode("utf8","replace"), features="h
# soup = BeautifulSoup()
text = soup.get_text()

lines = (line.strip() for line in text.splitlines())
return '\n'.join(line for line in lines if line)
```

프롬프트를 한국어로 바꾸어서 질문을 요청했고, 그 외에는 위의 사례
와 똑같은 코드를 첨부하였다.

```python
from bs4 import BeautifulSoup
import requests

def extract_text_from(url):
    """
    이 함수는 주어진 웹페이지의 텍스트를 추출하는 함수입니다.

    Parameters:
    url (str): 텍스트를 추출할 웹페이지의 URL입니다.

    Returns:
    str: 웹페이지에서 추출된 텍스트를 반환합니다. 이때 각 텍스트 라인은 개행 문자('\n')로 구
    분됩니다.

    예외:
    - requests.exceptions.RequestException: URL에 접근할 수 없을 때 발생합니다.
    - UnicodeDecodeError: 웹페이지의 내용을 utf-8로 디코딩할 수 없을 때 발생합니다.

    사용 예시:
    >>> text = extract_text_from('https://www.example.com')
    >>> print(text)
    """
```

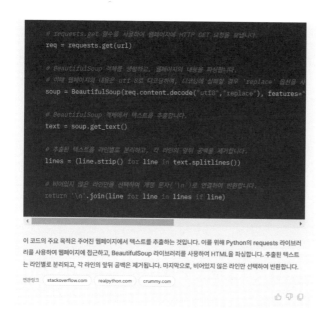

```
# requests.get 함수를 사용하여 웹페이지에 HTTP GET 요청을 보냅니다.
req = requests.get(url)

# BeautifulSoup 객체를 생성하고, 웹페이지의 내용을 파싱합니다.
# 이때 웹페이지의 내용을 utf-8로 디코딩하여, 디코딩에 실패할 경우 'replace' 옵션을 사
soup = BeautifulSoup(req.content.decode("utf8","replace"), features=

# BeautifulSoup 객체에서 텍스트를 추출합니다.
text = soup.get_text()

# 추출된 텍스트를 라인별로 분리하고, 각 라인의 앞뒤 공백을 제거합니다.
lines = (line.strip() for line in text.splitlines())

# 비어있지 않은 라인만을 선택하여 개행 문자( '\n' )로 연결하여 반환합니다.
return '\n'.join(line for line in lines if line)
```

이 코드의 주요 목적은 주어진 웹페이지에서 텍스트를 추출하는 것입니다. 이를 위해 Python의 requests 라이브러리를 사용하여 웹페이지에 접근하고, BeautifulSoup 라이브러리를 사용하여 HTML을 파싱합니다. 추출된 텍스트는 라인별로 분리되고, 각 라인의 앞뒤 공백은 제거됩니다. 마지막으로, 비어있지 않은 라인만 선택하여 반환합니다.

연관링크 stackoverflow.com   realpython.com   crummy.com

뤼튼(GPT-4)의 경우에는, 코드에 바로 주석을 달아놓는 간결한 방식으로 문서화를 진행했다. 코드에 대한 설명 내용은 대체로 GPT-3.5와 비슷하나, 영어로 질문했을 때 좀 더 자세한 결과가 나오는 것을 확인할 수 있다.

단계적으로 자세한 설명이 나와있는 문서가 필요하다면, 영어로 구성한 프롬프트와 함께 코드를 첨부하고, 비교적 간단한 주석만 필요하다면 한국어로 간결하게 프롬프트를 구성하면 된다.

이미지 생성

발표자료나 보고서에 들어갈 그림을 준비할 때, 혹은 디자인에 참고할 그림이 필요할 때, 적절한 그림을 찾느라 애를 먹었던 적이 있는가?

저작권에 구애받지 않는 그림을 찾기 위해 인터넷을 검색하고, 또는 그림에 대한 출처를 일일이 표시하는 것은 꽤나 힘든 작업이다.

작업의 생산성을 더 높이기 위해, AI를 기반으로 그림을 자동으로 생성해주는 서비스를 활용할 수 있다. 지금부터 이미지 생성 서비스에 대해 소개하겠다.

먼저, https://open.ai/ 사이트가 있다. 해당 사이트에 접속해서, 왼쪽 상단의 입력창에 생성하고 싶은 그림의 주제어를 작성하면 된다.

● https://open.ai/ 접속

이 사이트를 활용할 때 한 가지 주의할 점은, 주제어를 한글로 입력했을 때보다 영어로 입력했을 때 더 정확한 이미지 생성 결과를 얻을 수 있다는 점이다.

다음은 "비빔밥" 이미지를 생성한다고 했을 때, 주제어를 한글 "비빔밥"으로 입력했을 때와, 영어 "bibimbap"으로 입력했을 때의 이미지 생성 결과의 차이이다.

● 주제어 : 비빔밥

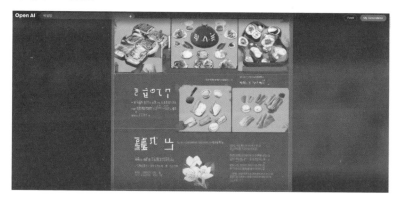

● 주제어 : bibimbap

한글로 입력했을 때의 결과는 전혀 비빔밥과 관련 없는 이미지가 생성되었다. 한편, 영어로 입력했을 때는 우리가 알고 있는 비빔밥에 가까운, 더 자연스럽고 정확한 이미지가 생성되는 것을 볼 수 있다.

위 사이트 외에, 이미지를 생성할 수 있는 또 다른 사이트로, 마이크로소프트 빙에서 제공하는 코파일럿 디자이너(Copilot Designer)가 있다. 아래 사이트에 접속하여, 상단의 입력창에 그림의 주제어 또는 그림에 대한 설명을 간단히 작성하여 그림을 생성할 수 있다.

● https://copilot.microsoft.com/images/create 접속

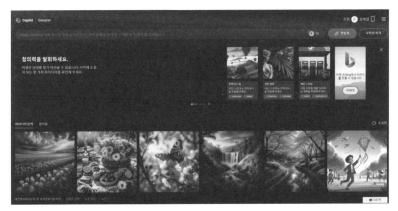

코파일럿 디자이너는 앞서 소개했던 https://open.ai/에 비해, 한글 주제어와 설명을 더 잘 인식한다. 아래는 코파일럿 디자이너에서 비빔밥 이미지를 생성한 결과이다. 입력창에 다음과 같은 프롬프트를 입력했다.

- 코파일럿 디자이너 생성 결과
  "한국 음식 비빔밥을 그려줘."

https://open.ai/에서 한글로 "비빔밥"을 입력했을 때와 달리, 정확한 비빔밥 이미지가 바로 생성되었다.

그러면, 위의 두 사이트를 활용하여 여러 가지 이미지를 생성하고 디자인에 활용하는 사례를 들어보겠다. 작은 물고기 무늬가 계속해서 반복되는 벽지를 디자인한다고 가정해 보자.

● https://open.ai/의 이미지 생성결과

입력창에 "a design of fish in the minimalism"을 입력했다.

Open.ai의 첫번째 이미지 생성 결과는 위와 같이 물고기 한 마리만 나타난다. 위의 물고기 이미지를 재구성하고, 변형하여 물고기 무늬의 벽지를 디자인해 볼 수 있을 것이다. 혹은 생성형 AI는 같은 주제어를 입력해도 생성 버튼을 누를 때마다 다른 이미지들이 생성되기 때문에, 아래와 같이 여러 번 이미지를 생성해 볼 수도 있다.

그러면 이렇게 여러 가지의 물고기 모양이 반복되는 이미지도 생성된 것을 볼 수 있다.

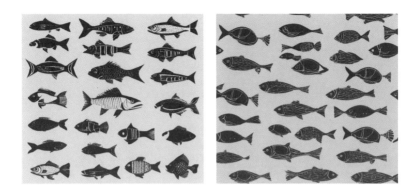

한편, 위와 같은 프롬프트를 코파일럿 디자이너에도 입력해 보았다.

● 코파일럿 디자이너 생성 결과

입력창에 "a design of fish in the minimalism"을 입력했다.

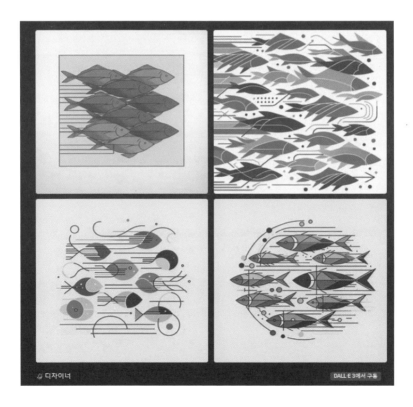

코파일럿 디자이너의 경우, 다양한 물고기 모양이 반복되는 디자인 예시 4가지를 한 번에 보여준다.

이번에는 반복되는 무늬의 대상을 물고기에서 양으로 바꾸어 보려 한다.

● https://open.ai/의 이미지 생성결과
  입력창에 "a design of sheep in the minimalism"을 입력했다.

Open.ai에서 두 가지 이미지를 생성해 본 결과이다. 비교적 간결한 일러스트 형식의 양 그림을 생성하였다.

● 코파일럿 디자이너 생성 결과
  입력창에 "a design of sheep in the minimalism"을 입력했다.

코파일럿 디자이너는 양 모양을 마치 도식화한 것과 같은 심플한 디자
인의 그림을 생성하였다.

이와 같은 이미지 생성에서도 AI의 '환각(Hallucination)'이 존재한다는
점은 기억해야 한다. AI가 생성한 다음 그림은 무엇인가 이상하지 않은가?

태극기의 건곤감리에서 오른쪽 상단의 '감'에 해당되는 부분이 잘못되어 있다. 그리고, 한글은 거의 읽을 수 없는 형태로 생성이 되었다. 유사하게는 생성하였지만, 그 의미를 담지 못하고 있다. 이와 같은 현상은 개선되고 있지만, AI로 의미를 담은 이미지 생성할 경우에는 반드시 생성된 결과를 확인하여야 한다.

참고로 이렇게 인공지능이 창작한 그림은 저작권이 인정되지 않는다. 따라서 발표자료 또는 보고서를 만들 때, 혹은 다른 그림을 디자인할 때에도 위 그림을 자유롭게 활용할 수 있다. AI로 생성한 그림을 복사하여 그대로 사용할 수 있고, 혹은 위 그림을 바탕으로 추가적인 그림을 디자인할 수도 있을 것이다.

다만, 인공지능이 생성한 창작물의 저작권에 대한 논의가 계속되고 있기 때문에, 이후 3부의 "1. LLM 유의사항"에서 관련한 내용을 자세히 다뤄보겠다.

인공지능을 잘 활용하면, 그림을 찾거나, 출처를 표시하거나, 아이디어를 떠올리는데 걸리는 시간을 줄이고, 더 풍부하고 완성도 있는 작업물을 만들 수 있을 것이다.

1-3 ChatGPT 확장프로그램

현재 ChatGPT-3.5는 2022년 1월까지의 지식으로 학습된 모델이다. 따라서, 2022년 1월 이후의 사건에 대해서는 답변할 수 없다.

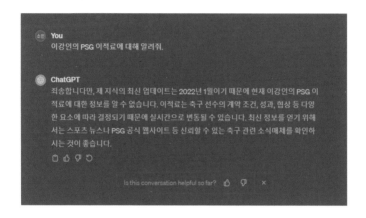

축구선수 이강인은 2023년 7월 스페인 RCD 마요르카 구단에서 파리 생제르맹(PSG)으로 이적했다. 2022년 1월까지의 지식으로 학습된 Chat GPT에게 이강인의 이적료에 대해 물어보면 답변하지 못한다.

그러면 ChatGPT가 최신 정보에 대해 답변하게 하려면 어떤 방법이 있을까?

방법은 간단하다. ChatGPT에게 최신 정보를 주입하면 된다. 예를 들어, 최신 정보로 ChatGPT를 재훈련을 하거나, 최신 정보 맥락을 제공하여 그것을 바탕으로 대답하게 할 수 있다.

최신 정보로 훈련된 GPT는 대표적으로 GPT4-Turbo가 있다. 2023년 4월까지의 지식을 학습하였다. 하지만 유료버전이기 때문에 구독을 해야 사용할 수 있다.

한편, 무료로 사용할 수 있는 방법도 있다. 바로 WebChatGPT이다. OpenAI에서 제공하는 ChatGPT 플러그인(확장프로그램)으로, ChatGPT에게 실시간 웹 검색을 가능하게 하여, 그 정보를 바탕으로 대답하게 하는 방법이다.

그러면 지금부터 WebChatGPT에 대해 알아보겠다.

(참고 : 최근 ChatGPT에 검색 기능이 추가되어 이와 같은 확장 없이도 검색이 가능해졌다)

WebChatGPT : 인터넷 액세스 가능한 ChatGPT

WebChatGPT를 사용하면 ChatGPT와 보다 정확한 최신 정보에 대한 대화를 나눌 수 있다. 크롬브라우저 또는 엣지브라우저 등에서 프로그램을 설치하여 사용할 수 있다.

크롬브라우저 기준으로 WebChatGPT를 설치하는 방법을 알려주겠다.

크롬 웹 스토어에서 위와 같이 WebChatGPT를 찾는다. 그리고 "Chrome
에 추가" 버튼을 클릭한다.

설치한 확장프로그램은 오른쪽 상단 퍼즐모양의 버튼을 누르면 확인할
수 있다.

확장프로그램 관리 버튼을 클릭하면, 아래와 같이 이제까지 설치한 모
든 확장프로그램을 확인하고, 삭제 및 활성/비활성화 등을 설정할 수 있다.

ChatGPT의 새로운 대화창으로 들어간다.

그러면 이전과 다르게 위와 같이 토글버튼이 나타난다. "Web access"
라는 토글버튼을 눌러 실시간 웹 검색을 가능하게 할 수 있다.

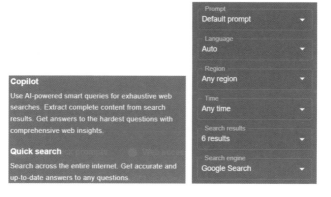

또 "Web access" 버튼 옆의 콤보박스를 통해, 검색 방법의 종류와 검색 결과 및 검색 엔진 등의 세부사항을 선택할 수 있다.

그럼 다시 이강인의 PSG 이적료에 대해 물어보겠다.

위와 같은 프롬프트를 입력하면, ChatGPT가 웹 검색을 시작한다.

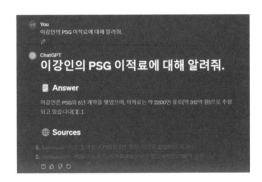

그리고 검색 결과를 바탕으로 이강인의 이적료에 대해 답변한다. 답변 결과에 소스도 직접 링크와 함께 제공한다.

하지만, ChatGPT 사용자가 뉴스 사이트의 유료 사이트를 우회할 수 있다는 문제가 생긴다. ChatGPT가 사이트 소유자의 허락없이 데이터를 수집할 수 있기 때문에, WebChatGPT의 최신 정보를 가져오는 기능을 일부 차단했다.

그래서 OpenAI는 이 문제를 해결하기 위해, 마이크로소프트 빙(Bing) 검색과 통합을 했다. 더 다양한 최신 정보를 저작권 문제없이 탐색하게 될 수 있게 된 것이다. 다만 아쉬운 점은 유료 사용자에게만 이 기능이 제공되고 있으며, 추후 무료 사용자에게까지 확대될 예정이라고 한다.

● ChatGPT, MS 빙 검색과 통합

챗GPT, 이제 '실시간 웹 검색'도 가능...MS 빙 검색과 통합

임대준 기자 | 입력 2023.09.28 07:15 | 댓글 0 좋아요 0

이번에는 무료 사용자까지 확대 예정

오픈AI의 공식 게시글 (사진=X OpenAI)

이 기능은 현재 유료 모드인 챗GPT 플러스와 챗GPT 엔터프라이즈 사용자가 사용할 수 있다. 챗GPT 앱 하단의 선택창에서 빙 검색을 선택하면 된다.

다만 최근 신기능을 모두 유료 사용자에만 제공하던 방식에서 벗어나, 추후 무료 사용자에도 확대할 예정이라고 밝혔다.

오픈AI는 챗GPT의 최신 정보 부족을 해결하기 위해 지난 3월 플러그인을 통해 웹 브라우징 기능을 도입했다. 그러나 사용자가 뉴스 사이트의 유료 사이트를 무료할 수 있다는 사실을 발견, 일부 플러그인 기능을 차단했다.

이제는 빙 검색을 통한 실시간 인터넷 검색이 가능해진 것은 물론 이 과정에서 챗GPT가 사이트 소유자의 허락없이 데이터를 수집하지 않게 됐다고 설명했다. 즉 학습 데이터 수집을 위한 'GPT봇'의 접근을 거부하는 'robots.txt'를 인식할 수 있다고 밝혔다.

셈 알트먼 오픈AI CEO도 이날 "우리가 돌아왔다"라는 멘트를 X에 남겼다.

한편 오픈AI는 최근 한 주 동안 이미지 생성 AI 달리 3와 챗GPT 통합과 '멀티모달' 기능 추가 등 굵직한 발표를 쏟아냈다. 이를 통해 챗GPT의 약점으로 꼽히는 부분을 상당수 해결했다.

이에 따라 11월6일 열리는 첫 개발자 회의 '데브데이(DevDay)'에서 어떤 내용을 공개할지 더욱 관심이 모이고 있다.

출처 : https://www.aitimes.com/news/articleView.html?idxno=154005

2부 | ChatGPT 활용 117

빙 채팅(Bing Copilot) : Web 검색이 바로 가능한 채팅

WebChatGPT의 확장프로그램을 설치하지 않은 ChatGPT는 아래와
같이 학습한 시점까지의 정보만 알려준다는 점을 확인했다.

● ChatGPT-3.5 : 한국의 법인세율 답변

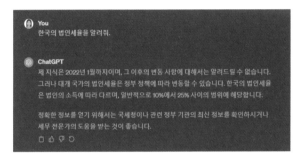

한편 빙 채팅(Bing Copilot)을 사용하면, 확장프로그램 없이 웹 탐색이
가능하여 최신 정보에 바로 접근할 수 있다.

● MS 빙 채팅 : 한국의 법인세율 답변

위의 그림과 같이 바로 2023년 한국 법인세율의 최신 정보를 반영하여 답변해 준다. 그리고 위의 그림과 같이 표 아래에 소스에 대한 링크도 함께 제공한다.

그렇다면, 좀 더 구체적인 정보를 추가하여 물어보자.

기존 한국의 법인세율에서 비영리법인의 과세표준이 3천억 원 초과의 경우, 아래와 같이 세율이 25%였다.

● MS 빙 채팅 : 기존 한국의 법인세율

안녕하세요. Bing입니다. 한국의 법인세율을 표로 만들어드리겠습니다.

소득종류	법인종류	각 사업연도 소득	과세표준	세율	누진공
영리법인	2억 이하	10%	-	10%	-
	2억 초과	200억 이하	20%	20%	2,000만원
		200억 초과	3,000억 이하	22%	42,000만원
		3,000억 초과	-	25%	942,000 만원
비영리법인	2억 이하	10%	-	10%	-
	2억 초과	200억 이하	20%	20%	2,000만원
		200억 초과	3,000억 이하	22%	42,000만원
		3,000억 초과	-	25%	942,000 만원
조합법인	200억 이하	-	-	-	-
	200억 초과	-	-	-	-
		-	-	-	-

2023년도부터, 비영리법인의 과세표준이 3천억 원 초과의 경우 법인세율이 24%로 바뀌었다.

빙 채팅에서 "법인 종류별" 한국의 법인세율을 알려달라고 했다.

● MS 빙 채팅 : 법인종류별 한국의 법인세율 답변

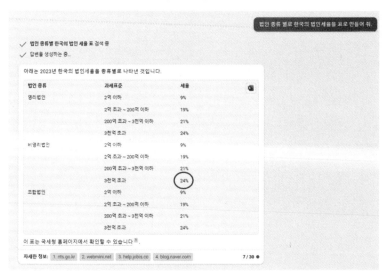

그러자 2023년도의 수정된 세율 24%가 반영되어, 영리법인/비영리법 인/조합법인 별로 각각의 세율에 대한 정보를 답변해 준다.

이렇게 WebChatGPT와 같은 확장프로그램이나, 빙 채팅(Bing Copilot) 을 이용하여 ChatGPT에게 최신 정보를 제공하고, 제공된 정보를 바탕으로 답변하게 할 수 있다.

1-4 ChatGPT 시각화 코드 생성

    ChatGPT를 활용하면 데이터를 쉽고 빠르게 차트로 생성할 수 있다. 엑셀, CSV, PDF 등의 파일에서 테이블 형식으로 되어 있는 데이터를 복사하고, 지시할 명령과 함께 프롬프트창에 붙여넣기만 하면 된다. ChatGPT가 데이터를 표현하기 가장 적합한 차트의 종류를 선택하여, 차트를 생성하는 파이썬 코드를 보여준다. 내가 가지고 있는 데이터의 특징에 맞춤 제작된 차트를 그릴 수 있다.

    그럼 주가 데이터를 예시로 들어서, 시각화 코드를 생성해 보겠다. 생성한 코드의 실행 환경은 Google Colaboratory이다. 별도의 설치과정과 환경구성 절차 없이 파이썬 코드를 실행할 수 있는 플랫폼이다.

선 그래프로 시각화

    먼저, 가장 기본 그래프인 선 그래프를 그려보겠다.

    일자별 여러 종목의 종가가 표시된 데이터를 ChatGPT는 어떤 차트로 표현할까?

    아래 테이블은 NASDAQ 시가총액 상위 5위에 해당하는 애플, 마이크로소프트, 구글, 아마존, 엔비디아의 한 달 간 종가의 변화를 보여주는 데이터이다.

	A	B	C	D	E	F
1	Date	GOOGL	AAPL	NVDA	AMZN	MSFT
2	10/31/2023	124.08	170.77	407.8	133.09	338.11
3	10/30/2023	124.46	170.29	411.61	132.71	337.31
4	10/27/2023	122.17	168.22	405	127.74	329.81
5	10/26/2023	122.28	166.89	403.26	119.57	327.89
6	10/25/2023	125.61	171.1	417.79	121.39	340.67
7	10/24/2023	138.81	173.44	436.63	128.56	330.53
8	10/23/2023	136.5	173	429.75	126.56	329.32
9	10/20/2023	135.6	172.88	413.87	125.17	326.67
10	10/19/2023	137.75	175.46	421.01	128.4	331.32
11	10/18/2023	137.96	175.84	421.96	128.13	330.11
12	10/17/2023	139.72	177.15	439.38	131.47	332.06
13	10/16/2023	139.095	178.72	460.95	132.55	332.64
14	10/13/2023	137.36	178.85	454.61	129.79	327.73
15	10/12/2023	138.97	180.71	469.45	132.33	331.16
16	10/11/2023	140.55	179.8	468.06	131.83	332.42
17	10/10/2023	138.06	178.39	457.98	129.48	328.39
18	10/09/2023	138.42	178.99	452.73	128.26	329.82
19	10/06/2023	137.58	177.49	457.62	127.96	327.26
20	10/05/2023	135.07	174.91	446.88	125.96	319.36
21	10/04/2023	135.24	173.66	440.41	127	318.955
22	10/03/2023	132.43	172.4	435.17	124.72	313.39
23	10/02/2023	134.17	173.75	447.82	129.46	321.8

GPT-3.5에 각 종목별로 종가의 흐름을 한눈에 볼 수 있는 차트를 생성해 달라고 하겠다.

지시할 명령을 다음과 같이 간단히 작성해 보겠다.

다음 데이터를 분석하여, 각 종목별로 종가의 흐름을 한눈에 볼 수 있는 차트를 생성해 줘.
(Shift + Enter)

Date	GOOGL	AAPL	NVDA	AMZN	MSFT
10/31/2023	124.08	170.77	407.8	133.09	338.11
10/30/2023	124.46	170.29	411.61	132.71	337.31
10/27/2023	122.17	168.22	405	127.74	329.81
10/26/2023	122.28	166.89	403.26	119.57	327.89
10/25/2023	125.61	171.1	417.79	121.39	340.67

(이하 생략)

차트를 생성해 달라고 했더니, 차트를 그리는 파이썬 코드를 작성해 주었다. 또 차트를 그리는데 필요한 Matplotlib 라이브러리를 사용할 것이며, 이 라이브러리를 설치하는 방법도 추가로 알려준다. 그러면 이 코드를 Google Colab에 그대로 붙여넣기 하여 실행해 보겠다.

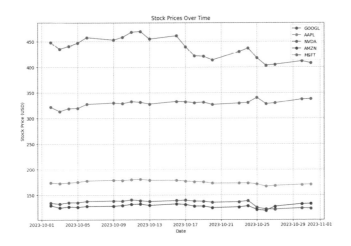

 위와 같이 각 종목의 가격을 여러 색깔의 선으로 표시한 선 그래프가
그려졌다. 어떤 색깔이 어떤 종목에 대응되는지 알 수 있도록 오른쪽 상단
에 범례도 함께 표시해 주었다.
 다른 종류의 그래프는 ChatGPT가 어떻게 그리는지 알아보겠다.

막대 그래프로 시각화

 이번에는 미국 주식 시장의 종목별 가격 데이터를 시각화해 보겠다. 아
래의 표는 NASDAQ에 상장된 주식 중 시가총액 크기 순으로 종목별 종가
가 표시된 테이블이다.

〈표 : NASDAQ 시가총액 순 종목별 종가〉

Symbol	Name	Last Sale	Net Change	% Change	Market Cap
AAPL	Apple Inc. Common Stock	$191.31	0.67	0.351%	2,975,396,905,120
MSFT	Microsoft Corporation Common Stock	$377.85	4.78	1.281%	2,808,280,321,013
GOOG	Alphabet Inc. Class C Capital Stock	$140.02	1.40	1.01%	1,752,490,320,000
GOOGL	Alphabet Inc. Class A Common Stock	$138.49	1.52	1.11%	1,733,340,840,000
AMZN	Amazon.com, Inc. Common Stock	$146.71	2.81	1.953%	1,516,105,627,272
NVDA	NVIDIA Corporation Common Stock	$487.16	-12.28	-2.459%	1,203,285,200,000
META	Meta Platforms, Inc. Class A Common Stock	$341.49	4.51	1.338%	877,582,424,351
TSLA	Tesla, Inc. Common Stock	$234.21	-6.99	-2.898%	744,535,178,986
AVGO	Broadcom Inc. Common Stock	$972.00	-9.20	-0.938%	401,178,909,888
ADBE	Adobe Inc. Common Stock	$619.72	8.73	1.429%	282,158,516,000

Results: 1 - 25 of 4254   Download CSV ↓

출처 : https://www.nasdaq.com/market-activity/stocks/screener

해당 표를 CSV파일로 다운로드한 후, Symbol, Name, Last Sale 부분의 데이터를 복사하여 지시할 명령과 함께 프롬프트 창에 넣어보겠다. 다음 데이터에 가장 적합한 차트를 그리는 파이썬 코드를 생성해 달라고 했다.

다음 데이터를 분석해 가장 적합한 차트를 그리는 파이썬 코드를 생성해 줘.
(Shift + Enter)

Symbol	Name	Last Sale
AAPL	Apple Inc. Common Stock	$191.31
MSFT	Microsoft Corporation Common Stock	$377.85
GOOG	Alphabet Inc. Class C Capital Stock	$140.02
GOOGL	Alphabet Inc. Class A Common Stock	$138.49
(이하 생략)		

ChatGPT
주어진 데이터를 시각화하기 위해 가장 적합한 차트 중 하나는 수평 막대 그래프(Bar Chart)일 수 있습니다. 주식의 종목(Symbol)을 x축에, 종목의 종가(Last Sale)를 y축에 표시하여 데이터를 시각적으로 비교할 수 있습니다.

다음은 주어진 데이터를 기반으로 수평 막대 그래프를 그리기 위한 간단한 파이썬 코드입니다. 코드를 실행하려면 `matplotlib` 라이브러리가 필요합니다.

```python
import matplotlib.pyplot as plt

# 주어진 데이터
data = {
    'AAPL': 191.31,
    'MSFT': 377.85,
    'GOOG': 140.02,
    'GOOGL': 138.49,
    'AMZN': 146.71,
    'NVDA': 487.16,
    'META': 343.49,
    'TSLA': 234.21,
    'AVGO': 911.88,
    'ADBE': 619.72
}

# 수평 막대 그래프 생성
plt.barh(list(data.keys()), list(data.values()), color='skyblue')
plt.xlabel('Last Sale')
plt.ylabel('Symbol')
plt.title('Stock Prices')

# 그래프 표시
plt.show()
```

이 코드는 `matplotlib` 라이브러리를 사용하여 주식 종목별 종가를 나타내는 수평 막대 그래프를 생성합니다. 각 주식의 종목(Symbol)이 x축에, 종가(Last Sale)가 y축에 나타나게 됩니다. 그래프를 통해 주식 가격을 시각적으로 비교할 수 있습니다.

다음 데이터를 표시하는데 가장 적합한 차트로 (수평) 막대 그래프를 선택하였다.

그러면 ChatGPT가 생성한 코드를 Colab에 붙여넣기하여 실행해 보겠다.

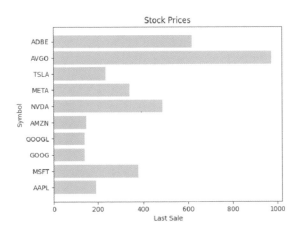

위와 같이 Y축 맨 밑에서부터 시가총액 크기 순으로 종목이 정렬된 막대 그래프가 그려진다. 각 종목별 종가를 한눈에 비교할 수 있지만, 정확한 가격을 알 수 없다.

아래와 같이 정확한 수치로 가격을 표시하고, 종가를 기준으로 정렬하여 다시 그려보겠다.

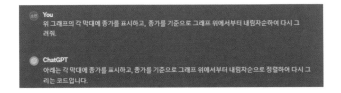

```python
import matplotlib.pyplot as plt

# 주어진 데이터
data = {
    'AAPL': 191.31,
    'MSFT': 377.68,
    'GOOG': 140.02,
    'GOOGL': 138.49,
    'AMZN': 146.71,
    'NVDA': 487.16,
    'META': 341.49,
    'TSLA': 234.21,
    'AVGO': 972.00,
    'ADBE': 619.72
}

# 종가를 기준으로 내림차순으로 정렬
sorted_data = sorted(data.items(), key=lambda x: x[1], reverse=True)

# 수평 막대 그래프 생성
bars = plt.barh([item[0] for item in sorted_data], [item[1] for item in sorted_data])
plt.xlabel('Last Sale')
plt.ylabel('Symbol')
plt.title('Stock Prices - Descending Order')

# 각 막대에 종가 표시
for bar in bars:
    plt.text(bar.get_width(), bar.get_y() + bar.get_height()/2, f'${bar.get_width()}',
             va='center', ha='left', color='black')

# 그래프를 위에서부터 내림차순으로 표시하도록 y축 뒤집기
plt.gca().invert_yaxis()

# 그래프 표시
plt.show()
```

코드에서 `plt.gca().invert_yaxis()`를 사용하여 y축을 뒤집어, 그래프를 위에서부터 내림차순으로 표시하도록 하였습니다. 종가는 각 막대에 텍스트로 표시되며, 막대의 우측에 위치합니다.

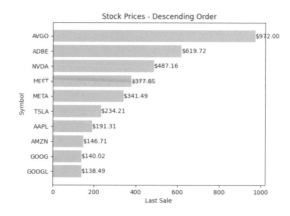

ChatGPT가 생성한 코드를 실행하니 위와 같은 그래프가 그려졌다.

여기서 유의할 점은, 시각화 라이브러리인 matplotlib은 Y축 맨 밑에서부터 순서대로 데이터를 막대로 표시하는 동작원리를 따른다. 따라서 "그래프 위에서부터" 정렬하라는 말이 없으면, 가격을 내림차순으로 정렬하여도, 가격이 가장 낮은 종목이 Y축 맨 위에 위치하도록 그려진다.

하지만 "그래프 위에서부터"라는 단어를 포함하자, ChatGPT는 matplotlib의 동작원리를 감안해 Y축을 뒤집어 가장 높은 가격이 Y축 맨 위에 위치하도록 그래프를 그렸다. 이렇게 직접 코드를 작성하면 헷갈리고 번거로울 수 있는 부분이지만, ChatGPT를 이용하면 쉽고 빠르게 내가 원하는 차트를 생성할 수 있다.

캔들 차트로 시각화

그럼 ChatGPT로 더 다양한 차트를 그려보겠다.

주식 데이터의 날짜별 시가, 고가, 저가, 종가, 거래량을 나타내는 OHLCV 데이터를 표현하기 가장 적합한 차트는 캔들 차트(Candlestick Chart)라고 할 수 있다. 한눈에 여러 가지 정보를 파악하여 가격의 흐름을 비교할 수 있기 때문이다.

NASDAQ 시가총액 1위인 Apple 보통주의 OHLCV데이터를 보겠다.

〈표 : Apple의 한달 간 OHLCV 데이터〉

APPLE INC Copy | Download CSV | + Additional columns

Date	Open	High	Low	Close	Volume
11/01/2023	175	174.25	170.12	173.97	56,934,960
10/31/2023	169.35	170.9	167.9	170.77	44,846,020
10/30/2023	169.02	171.17	168.87	170.29	51,130,960
10/27/2023	166.91	168.96	166.83	168.22	58,499,130
10/26/2023	170.37	171.3775	165.67	166.89	70,625,260
10/25/2023	171.88	173.06	170.65	171.1	57,156,960
10/24/2023	173.05	173.67	171.45	173.44	43,816,640
10/23/2023	170.91	174.01	169.93	173	55,980,110
10/20/2023	175.31	175.42	172.64	172.88	64,244,030
10/19/2023	176.04	177.84	175.19	175.46	59,302,860
10/18/2023	175.58	177.575	175.11	175.84	54,764,390
10/17/2023	176.645	178.42	174.8	177.15	57,549,950
10/16/2023	176.75	179.075	176.91	178.72	52,516,980
10/13/2023	181.42	181.93	178.14	178.85	51,456,680
10/12/2023	180.07	182.34	179.04	180.71	56,743,120
10/11/2023	178.2	179.85	177.6	179.8	47,551,100
10/10/2023	178.1	178.72	177.95	178.39	43,698,020
10/09/2023	176.81	179.05	175.8	178.99	42,390,770
10/06/2023	173.8	177.99	173.18	177.49	57,266,680
10/05/2023	173.79	175.45	172.68	174.91	48,527,920
10/04/2023	171.09	174.21	170.97	173.66	53,020,290
10/03/2023	172.255	173.63	170.82	172.4	49,594,010
10/02/2023	171.22	174.3	170.93	173.75	52,164,540

출처 : https://www.nasdaq.com/market-activity/stocks/aapl/advanced-charting

위와 마찬가지로 CSV로 다운로드 받은 후, 지시할 명령 아래에 데이터를 복사 붙여넣기 해보겠다.

이번에는 ChatGPT에게 "차트 전문가"라는 역할을 부여하고, 코드의 실행환경을 명시했다. 위의 6가지 정보를 가장 잘 표시하는 차트를 그려달라고 했다.

당신은 차트 전문가이다.
다음 데이터를 분석해, 6가지 칼럼을 가장 잘 표시하는 차트를 그리는 파이썬 코드를 생성해 줘.
코드의 실행환경은 Google Colab이다.

Date	Open	High	Low	Close	Volume
10/31/2023	169.35	170.9	167.9	170.77	44,846,020
10/30/2023	169.02	171.17	168.87	170.29	51,130,960
10/27/2023	166.91	168.96	166.83	168.22	58,499,130
10/26/2023	170.37	171.3775	165.67	166.89	70,625,260
10/25/2023	171.88	173.06	170.65	171.1	57,156,960
10/24/2023	173.05	173.67	171.45	173.44	43,816,640
(이하 생략)					

ChatGPT

주어진 데이터에는 날짜, 시가(Open), 고가(High), 저가(Low), 종가(Close), 거래량(Volume)이 포함되어 있습니다. 이 데이터를 가장 잘 표시하는 차트 중 하나는 봉 차트(Candlestick Chart)입니다. 봉 차트는 시가, 고가, 저가, 종가를 동시에 시각화하는 데 유용합니다. 아래는 Google Colab에서 이 데이터를 봉 차트로 표시하는 파이썬 코드입니다.

```python
# 필요한 라이브러리 설치
!pip install plotly

# 라이브러리 임포트
import plotly.graph_objects as go
import pandas as pd

# 데이터 코드
data = {
    'Date' : ['10/31/2023', '10/30/2023', '10/27/2023', '10/26/2023', '10/25/2023',
    'Open' : [183.12, 169.02, 196.02, 170.37, 171.88, 173.05, 171.31, 176.04,
    'High' : [170.3, 171.13, 182.95, 171.2773, 172.04, 173.87, 174.30, 177.04,
    'Low' : [167.9, 168.87, 169.01, 168.671, 170.65, 171.1, 170.60, 175.60,
    'Close' : [170.77, 170.29, 168.42, 166.89, 171.1, 170.44, 173.44, 175.46,
    'Volume' : [44,846,000, 51,130,900, 58,499,100, 70,625,900, 57,156,900],
}

df = pd.DataFrame(data)

# 날짜를 datetime 형식으로 변환
df['Date'] = pd.to_datetime(df['Date'])

# 봉 차트 생성
fig = go.Figure(data=[go.Candlestick(x=df['Date'],
            open=df['Open'],
            high=df['High'],
            low=df['Low'],
            close=df['Close'],
            text=df['Volume'],
            hoverinfo='x+y+text',
            name='Candlestick')])

# 차트 레이아웃 설정
fig.update_layout(title='Candlestick Chart',
            xaxis_title='Date',
            yaxis_title='Price',
            xaxis_rangeslider_visible=False)

# 차트 출력
fig.show()
```

이 코드를 실행하면 봉 차트가 표시되며, 각 봉에는 시가, 고가, 저가, 종가가 나타나며 거래량이 툴팁으로 표시됩니다.

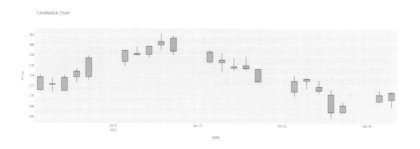

plotly라는 라이브러리를 사용하여 캔들 차트를 생성하고, 가격 상승 시에는 초록색, 가격 감소 시에는 빨간색으로 표시했다. 캔들 차트를 그리는데 필요한 라이브러리를 설치하고 임포트하는 코드 또한 포함되어 있다.

plotly 라이브러리를 사용한 차트의 가장 큰 특징은, 막대 위에 마우스 커서를 올려놓으면 아래 그림과 같이 각 날짜에 해당하는 OHLCV의 정확한 수치를 알 수 있다.

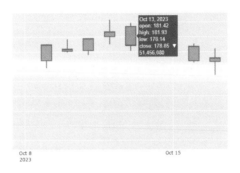

또 특정 기간을 드래그 하면 아래와 같이 그래프를 확대하여 볼 수 있다.

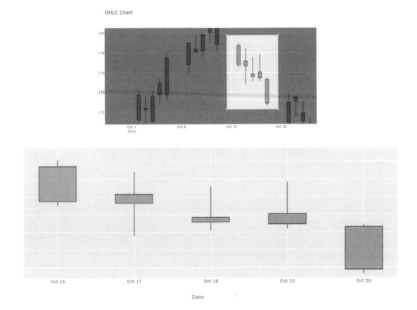

그래프의 오른쪽 상단을 보면 아래와 같은 편의 기능이 포함되어 있어, 그래프를 png파일로 다운로드, 그래프를 이동하여 Zoom-In, Zoom-Out, AutoScale 등을 할 수 있다.

이러한 차트를 반응형(Interactive) 차트라고 한다. 반응형 차트는 특정한 환경이나 크기의 변경에 대응하여 적절하게 조절되는 차트를 의미한다. 예를 들어, 웹 페이지에서 사용자가 창 크기를 변경하거나 모바일 기기에서 차트를 확인할 때 반응형 차트는 이에 맞게 조절되어 사용자에게 최적의 환경을 제공한다. 또 클릭이나 드래그 같이 사용자와의 상호작용에 대응하여 차트의 내용이나 형태를 동적으로 조절할 수 있다.

plotly는 파이썬으로 반응형 차트를 효과적으로 표시할 수 있는 라이브러리 중 하나인데, ChatGPT는 이를 사용하여 데이터의 특성에 맞는 캔들 차트 형식의 반응형 차트를 생성하였다.

이렇게 데이터를 어떤 차트로 표현해야 할지 모르는 경우, ChatGPT를 활용해 가장 적합한 차트를 생성할 수 있다. 만약, 원하는 차트의 형태가 있다면, 그 차트의 종류를 프롬프트에 명시하면 그렇게 시각화 코드를 생성해 준다.

ChatGPT에 데이터에서 강조하고 싶은 부분, 내가 코드를 실행할 환경, 그래프의 부가적인 기능 등을 추가적으로 전달하여, 나의 데이터에 맞춤 제작된 그래프를 그려보기 바란다.

1-5 ChatGPT 보도자료 작성

ChatGPT로 보도자료 초안 작성하기

ChatGPT를 활용해 보도자료를 쉽고 빠르게 작성할 수 있다. ChatGPT 한테 지시할 프롬프트와 보도자료를 작성할 안건 또는 주제에 대한 기초 정보만 있으면 된다. ChatGPT에게 보도자료 초안을 작성하게 하고, 작성된 초안을 다듬기만 하는 방식으로 업무 효율성을 높여보자.

보도자료의 기본 구조

먼저 ChatGPT에 전달할 기초자료를 작성하기 전에, 보도자료의 구성을 알아보며 기초자료에 들어갈 내용을 정리해 보자. 보도자료의 기본 구조는 다음과 같이 정리된다.

- Headline (제목)
- Lead (요약)
- Body (본문)
- 기타 (부가 설명, 첨부자료, 관련 사진 등)

- 보도자료의 기본 구조

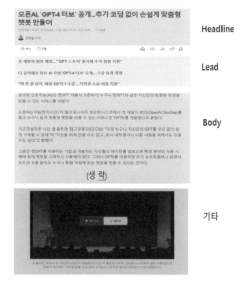

출처 : https://n.news.naver.com/article/029/0002835226

위의 예시 기사를 보면, 기사의 제목인 헤드라인(Headline)이 먼저 눈에 띈다. 다음으로, 기사에 대한 내용을 2-3줄 정도로 정리해 놓은 요약 (Lead)이 위치한다. 그리고 본격적으로 기사 주제의 자세한 내용을 서술한 본문(Body)이 위치한다. 마지막으로, 기사 주제에 대한 부가설명, 관련 사진 등의 추가 정보를 덧붙여 독자의 이해를 돕는다. 관련 사진은 흐름에 따라 본문 중간에 들어갈 수도 있다.

보도자료의 내용 구성

지금까지 보도자료의 구조에 대해 보았다. 구조를 뼈대에 비유하면 살에 해당하는 내용은 어떻게 구성되는지에 대해 알아보겠다. 보도자료의 내용은 기본적으로 다음과 같이 육하원칙에 따라 정리된다.

- Who : 누가?
- What : 무엇을?
- When : 언제?
- Where : 어디서?
- Why : 왜?
- How : 어떻게?

그럼 각 6가지의 항목들을 예시를 들어서 살펴보자.

● **보도자료의 내용 구성 : 육하원칙**

오픈AI, 'GPT-4 터보' 공개...추가 코딩 없이 손쉽게 맞춤형 챗봇 만들어

입력 2023.11.07. 오전 8:04 수정 2023.11.07. 오전 8:06 　기사원문

👤 강한샘 기자

👍 추천 　♡ 댓글 　　　　　　　　　　🖨 🗨 가 🔗 🖨

첫 개발자 회의 개최..."'GPT 스토어' 출시해 수익 창출 지원"

더 강력해진 최신 AI 모델 'GPT-4 터보' 공개...구글 등과 경쟁

"책 한 권 넣어, 바둑 3분의 1↑를...저작권 소송 비용 지불"

생성형 인공지능(AI)인 챗GPT 개발사 오픈AI가 누구나 챗GPT와 같은 자신만의 맞춤형 챗봇을 만들 수 있는 서비스를 내놨다.

오픈AI는 6일(현지시각) 미 캘리포니아주 샌프란시스코에서 첫 개발자 회의(OpenAI DevDay)를 열고 누구나 쉽게 맞춤형 챗봇을 만들 수 있는 서비스인 'GPTs'를 개발했다고 밝혔다.

기조연설자로 나선 샘 올트먼 최고경영자(CEO)는 "이제 누구나 자신만의 GPT를 코딩 없이 쉽게 구축할 수 있다"며 "자신을 위해 만들 수도 있고, 회사 내부용이나 다른 사람을 위해서도 만들 수도 있다"고 말했다.

오픈AI는 이날 또 최신 AI 모델인 'GPT-4 터보(Turbo)'를 소개했다. 이 모델은 우선 2023년 4월까지의 정보가 업데이트됨으로써 2022년 1월까지 업데이트됐던 이전 GPT-4 버전보다 최신 답변을 제공한다.

오픈AI는 "예를 들어 2022년 2월에 누가 유퍼볼에서 우승했는지 GPT-4에 물으면 알 수 없었을 것"이라며 "GPT-4 터보는 가능하다"고 설명했다.

또 GPT-4 터보에서는 이전 버전보다 훨씬 더 많은 정보량을 입력할 수 있다.

이전 버전에서는 약 3000 단어까지만 입력할 수 있었지만, GPT-4 터보는 최대 300페이지까지 입력이 가능하다. 책 전체를 요약해 달라고 요청할 수도 있다.

이와 함께 GPT-4 터보는 최신 이미지 생성 AI인 '달리 3(DALL-E 3)의 이미지와 텍스트-음성 변환을 지원한다.

출처 : https://n.news.naver.com/article/029/0002835226

내용을 일부 발췌한 뉴스 기사의 예시이다. 이 기사에서는 OpenAI가 새로운 AI 모델인 'GPT-4 터보'를 공개했다는 내용을 담고 있다. 육하원칙에 따라 이 기사의 내용을 정리해 보겠다.

- Who(누가) : OpenAI
- What(무엇을) : GPT-4 터보
- When(언제) : 2023년 11월 6일(미국 현지시간 기준)
- Where(어디서) : OpenAI 개발자 회의(DevDay), 미국
- Why?(왜) : GPT-4와 같은 기존 버전보다 더 많은 정보량을 입력 가능하고, 최신 정보가 반영된 모델을 사용자에게 제공하기 위해
- How?(어떻게) : GPT-4 터보 모델을 2023년 4월까지의 데이터로 훈련, 발전된 기능 추가 (그 외 매개변수와 학습 데이터 등의 상세한 내용은 비공개)

한편, How?(어떻게)에 해당하는 내용은 위 기사와 같이 신제품 개발 등의 주제일 경우, How much?(얼마나 비용, 자원이 소모되었는지)로도 구성해 볼 수 있다. 위 기사에서는 How에 대한 내용은 자세히 명시되어 있지 않고, 다른 기사를 참고하여 위와 같이 정리해 보았다.

● How?(어떻게)에 대한 추가적인 내용

GPT-4 터보, 역대 가장 강력한 LMM 등장..."다른 빅테크 긴장"

A 박찬 기자 ⓘ 입력 2023.11.07 17:00 ○ 수정 2023.11.07 17:04 ▥ 댓글수 0 ⓘ 좋아요 11   🔵🐦🔵🔵🔵

이에 따르면 GPT-4 터보는 올해 4월까지 데이터로 훈련, 지난 2021년 9월까지의 데이터로 학습한 기존 모델 'GPT-4'보다 최신 답변이 가능하다.

오픈AI는 GPT-4와 마찬가지로 GPT-4 터보에 대해서도 매개변수와 학습 데이터 등 상세한 내용은 밝히지 않았다.

하지만 지금까지 공개한 내용만으로도 가장 강력한 성능을 갖췄다는 것을 입증함과 동시에 오픈 소스 공세에 맞설만한 가격 경쟁력도 갖췄다는 분석이 등장하고 있다

출처 : https://www.aitimes.com/news/articleView.html?idxno=154978

2부 | ChatGPT 활용   137

GPT-4 터보라는 AI 모델 개발에 대한 주제를 다루고 있으므로, 이 모델을 어떤 데이터로 학습했는지, 개발하는데 들어간 비용은 어느 정도인지, 모델의 매개변수(파라미터)가 어느 정도의 규모로 구성되었는지 등 제품 개발에 들어간 자원과 비용, 기술, 프로세스로 내용을 구성할 수 있다.

보도자료를 직접 작성한다면?

다음으로, 보도자료의 뼈대에 살을 붙이는 과정이다. 만약 여러분이 직접 보도자료를 작성한다면, 아래와 같은 순서를 거치게 된다.

- Step1 : 요약(Lead) 작성하기
  Who(누가), What(무엇을), How(어떻게)를 중심으로 요약한다.

- Step2 : 요약(Lead)을 바탕으로 제목(Headline) 작성하기
  요약의 핵심 단어 2~3개를 선정하여 제목을 구성한다.
  독자의 이목을 끌 수 있는 참신한 단어, 표현을 사용하면 좋다.

- Step3 : 본문(Body) 작성하기
  앞선 육하원칙에 따라, 주제에 대해 "When(언제), Who(누가), Where(어디서), What(무엇을), How(어떻게), Why(왜) 했는지"를 자세히 서술한다.
  문장은 간결하고 명확하게, 자료 사진을 첨부하면 좋다.
  본문을 마무리할 때, 관계자들의 인터뷰 또는 주제에 대한 전망, 새로운 가능성, 개선점 등의 내용을 덧붙인다.

하지만 이미 완성된 보도자료 초안을 보고 내용을 수정하고 보완하는 방법으로 작성한다면, 더 빠르고 쉽게 내용이 풍부한 보도자료를 만들 수 있다.

ChatGPT에 전달할 기초자료 준비하기

ChatGPT에게 보도자료 작성을 지시해 보자. 그 전에 한 가지 준비물이 필요한데, 바로 ChatGPT에게 전달할 기초자료이다. 여기서 기초자료란, 내가 작성할 보도자료의 주제 또는 안건에 대한 세부 정보를 의미한다. ChatGPT가 보도자료를 생성하는데 재료가 될 글감을 전달하는 것이다.

기초자료는 앞서 설명한 보도자료의 기본 구조와 내용 구성을 참고하여 작성한다. 육하원칙에 따라 정보들을 정리하기만 하면 된다.

신제품 출시에 대한 기사를 예시로 들어보겠다. 기초자료의 항목은 다음과 같이 구성해 볼 수 있다.

● 신제품 출시에 대한 기사의 기초자료
  - 기사제목 : (선택)
  - 제품명 : (제품명)
  - 제품개요 : (개발회사, 개발일자, 간단한 제품설명 등)
  - 주요기능 : (제품의 핵심기능)
  - 타겟고객 : (제품의 주요 고객 대상)
  - 적용기술 : (제품에 적용된 핵심기술)
  - CEO 또는 관계자의 말 : (선택)

위 항목들 중 "기사제목"의 경우, 참신한 단어가 선뜻 떠오르지 않는다면 ChatGPT에 제품 개요를 전달하여 생성해 달라고 할 수도 있다.

제품명을 명시하고, 제품 개요에는 제품 설명을 육하원칙에 따라 간단히 작성한다. 그리고 보도자료에서 강조하고 싶은 제품의 주요기능, 타겟고객, 적용 기술 등의 사항을 적는다. 마지막으로 인터뷰를 덧붙인다면 ChatGPT가 더욱 풍부한 보도자료를 만들어 줄 것이다.

그럼 위의 기초자료 항목에 내용을 채워보겠다.

- **기사제목** : WeDataLab, DBMS 전문 대화형 챗봇 "챗DBA" 개발
- **제품명** : WeDataLab
- **제품개요** : 2023년 8월, WeDataLab이 "챗DBA"를 개발해 베타 서비스로 공개했다. 챗DBA는 데이터베이스 관리시스템(DBMS)에 대한 전문지식을 제공하는 대화형 AI 서비스이다.
- **주요기능** : 다양한 DBMS 전문지식에 대한 신속한 답변
- **타겟고객** : DBMS 운영 실무자
- **적용기술** : LLM(Largo Languago Modol)
- **CEO의 말** : "오픈소스 LLM을 활용하여 DBMS 전문지식을 학습시켰습니다. DBMS 운영시에 유용하게 사용할 수 있으며 향후에는 장애예측이나 성능 튜닝의 방향까지 제시할 수 있도록 발전시키겠습니다."

간단한 기초자료가 완성되었다. 그럼 ChatGPT에게 지시해 보자.

ChatGPT의 보도자료 작성 프롬프트

ChatGPT에게 전달할 프롬프트는 아주 간단한다. 명령을 지시한 다음, 위의 기초자료를 복사 붙여넣기 하여 프롬프트창에 입력하면 된다.

아래 내용을 기반으로, 뉴스 기사 작성해줘.
(Shift + Enter)

- 기사제목 : WeDataLab, DBMS 전문 대화형 챗봇 "챗DBA" 개발
- 제품명 : WeDataLab
- 제품개요 : 2023년 8월, WeDataLab이 "챗DBA"를 개발해 베타 서비스로 공개했다. 챗DBA는 데이터베이스 관리시스템(DBMS)에 대한 전문지식을 제공하는 대화형 AI 서비스이다.
- 주요기능 : 다양한 DBMS 전문지식에 대한 신속한 답변
- 타겟고객 : DBMS 운영 실무자
- 적용기술 : LLM(Large Language Model)
- CEO의 말 : "오픈소스 LLM을 활용하여 DBMS 전문지식을 학습시켰습니다. DBMS 운영시에 유용하게 사용할 수 있으며 향후에는 장애예측이나 성능 튜닝의 방향까지 제시할 수 있도록 발전시키겠습니다."

그럼 ChatGPT의 답변을 보겠다. 현재 무료로 사용할 수 있는 GPT-3.5에 실행한 결과이다.

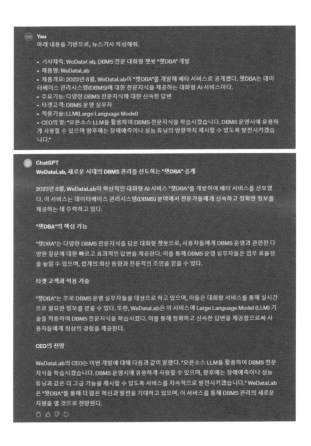

중간중간의 부제들이 부자연스럽다. 프롬프트에 "자연스럽게"라는 단어를 추가해 보았다.

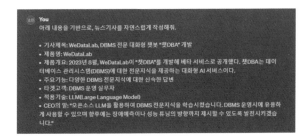

ChatGPT

WeDataLab, 선진 기술로 DBMS 운영 혁신을 이끄는 "챗DBA" 공개

데이터 관리의 새로운 패러다임을 제시하고 있는 WeDataLab이 혁신적인 대화형 AI 서비스 "챗DBA"를 개발하고, 이를 2023년 8월 베타 서비스로 선보였다. "챗DBA"는 데이터베이스 관리시스템(DBMS) 분야에서 선도적인 역할을 수행하는데 주력하며, 사용자에게 다양한 DBMS 전문지식을 효과적으로 전달하는데 주력하고 있다.

이 서비스는 WeDataLab의 대표적인 제품으로, DBMS 운영 실무자들을 대상으로 설계되어 있다. "챗DBA"는 대화형 인터페이스를 통해 신속한 답변을 제공하며, 사용자들은 복잡한 DBMS 운영에 관련된 질문에 즉각적이고 정확한 답을 얻을 수 있다.

WeDataLab의 대표는 이번 개발에 대해 다음과 같이 언급했다. "오픈소스 Large Language Model을 활용하여 DBMS 전문지식을 학습시켰습니다. DBMS 운영 시에 유용하게 사용할 수 있으며, 향후에는 장애예측이나 성능 튜닝과 같은 더 고급 기능을 제시할 수 있도록 서비스를 지속적으로 발전시키겠습니다."

"챗DBA"는 주로 DBMS 운영 실무를 대상으로 하며, 이들은 이 서비스를 통해 업무 효율성을 향상시키고 최신 기술 동향을 신속하게 습득할 수 있다. WeDataLab은 이를 위해 LLM 기술을 적용하여 사용자에게 정확하고 효과적인 정보를 제공한다.

이번 "챗DBA" 서비스로 WeDataLab은 DBMS 운영 분야에서의 혁신을 이끄는 주요 기업으로 자리매김하며, 향후 더 많은 발전을 이룰 것으로 기대된다.

우리가 알고 있는 기사글 형식으로 작성되었다.

작성된 내용을 살펴보면, 기초자료에 명시하지 않았던 개발회사에 대한 설명과 전망, 제품의 기대효과에 대해 ChatGPT가 기사 내용을 바탕으로 추론하여 생성한 것을 볼 수 있다. 이렇게 ChatGPT를 활용하면 작성자가 빠뜨릴 수 있는 정보, 혹은 미처 생각지 못한 정보까지 포함해 보도자료를 작성할 수 있다. 기초자료에 더 많은 내용을 포함시키면 더 풍부한 보도자료를 작성할 수 있다.

그럼 GPT-4기능을 이용할 수 있는 뤼튼의 실행결과도 함께 확인해보자. 위와 같은 프롬프트를 전달해 보았다.

다소 어색한 문장 몇 개가 눈에 띄기도 하지만, 이번에는 앞선 GPT-3.5 와는 달리 제품에 적용된 LLM기술에 대한 부가적인 설명이 포함되었다. LLM이라는 용어를 모를 수 있는 독자가 있을 것이라고 판단하여 추가한 내용인 것이다.

보도자료가 약간 짧은 것 같으니, 좀 더 길게 작성해 달라고 해보겠다.

이번에는 DBMS에 대한 설명과, 제품의 주요 타겟고객인 DBMS 운영 실무자가 업무에서 흔히 겪는 어려움은 무엇인지, 그리고 이에 대해 "챗 DBA"가 어떻게 도움을 줄 것인지에 대한 기대를 추가하여 작성해 주었다.

하지만 기사의 맨 앞부분에 개발 회사에 대한 간단한 소개가 들어가는 데, ChatGPT가 추론한 회사소개가 실제와 다를 수 있다. 따라서 위 기사 에 회사 소개를 넣어서 작성해 달라고 요청해 보겠다.

아래의 회사 소개를 기반으로, 위 기사를 더 길게 작성해줘.
(Shift + Enter)

    (회사 소개)

> 위의 기사에 아래의 회사 소개를 넣어서, 더 길게 작성해줘.
> 추가로 위데이터랩은 'EZIS'라는 브랜드로 DBMS, WAS, Application, E2E 등 IT 시스템 전 구간의 통합 모니 터링을 지원하고 있다. EZIS 솔루션은 Oracle DB는 물론, MariaDB, mongoDB, MySQL, PostgreSQL 등 대부분의 오픈소스 DBMS에 대해 모니터링 서비스를 제공한다. 또한, EZIS솔루션은 온프레미스 환경의 IT 시스 템뿐만 아니라 클라우드 환경에서도 체계적인 모니터링이 가능하다. 주요 고객사로는 KB국민은행, 광동제약, 삼 성금융, 교원그룹 등이 있다.

🔵 SOMIN PARK의 어시스턴트 GPT-4

[기사]
제목: WeDataLab, DBMS 전문 대화형 챗봇 "챗DBA" 개발

본문:
데이터 분석을 전문으로 하는 WeDataLab이 AI 기반의 챗봇 "챗DBA"를 개발하여 2023년 8월, 베타 서비스를 공 개하였다. WeDataLab은 'EZIS'라는 브랜드로 IT 시스템 전 구간의 통합 모니터링을 지원하며, 이번 챗봇 개발로 인 해 인공지능 챗봇 분야에서의 역량을 과시하였다.

WeDataLab의 'EZIS' 솔루션은 Oracle DB를 비롯하여 MariaDB, mongoDB, MySQL, PostgreSQL 등 대부분 의 오픈소스 DBMS에 대해 모니터링 서비스를 제공한다. 이 솔루션은 온프레미스 환경의 IT 시스템뿐만 아니라 클라 우드 환경에서도 체계적인 모니터링이 가능하다. 이를 통해 WeDataLab은 다양한 IT 시스템 환경에서의 데이터 관 리를 지원하며, 이는 'EZIS' 브랜드의 주요 경쟁력 중 하나라 할 수 있다.

이러한 기존의 역량을 바탕으로 WeDataLab은 "챗DBA"를 개발하였다. "챗DBA"는 데이터베이스 관리시스템 (DBMS)에 대한 전문지식을 제공하는 대화형 AI 서비스로, 실시간으로 DBMS 관련 질문에 신속하게 답변을 제공하 는 것이 주요 이슈이다. 이 서비스의 타겟 고객은 DBMS 운영에 종사하는 실무자들이다.

"챗DBA"는 LLM(Large Language Model)이라는 기술을 적용하여 개발되었다. LLM은 자연어를 처리하는 인공 지능 모델로, 빅데이터를 통해 학습하고 인간의 언어를 이해하고 생성하는 능력을 가지고 있다. 이를 통해 "챗DBA"는 사용자의 질문을 정확히 이해하고, DBMS에 대한 전문적인 답변을 제공할 수 있다.

WeDataLab의 CEO는 이번 제품 개발에 대해 "오픈소스 LLM을 활용하여 DBMS 전문지식을 학습시켰다"며 "DBMS 운영시에 유용하게 사용할 수 있을 것이며, 향후에는 장애예측이나 성능 튜닝의 방향까지 제시할 수 있도록 발전시키겠다"고 전했다.

이번 베타 서비스 공개는 DBMS 관련 업무를 수행하는 실무자들에게 큰 도움이 될 것으로 기대된다. 특히, 실시간으 로 DBMS에 대한 전문적인 답변을 제공하는 것은 업무의 효율성을 높이는 데 큰 도움이 될 것으로 보인다.

또한, "챗DBA"는 DBMS 전문가들이 아닌 일반적인 사용자들에게도 쉽게 접근할 수 있도록 설계되었다. 이를 통해 DBMS에 대한 이해를 넓히고, DBMS 활용 능력을 향상시키는 데 기여할 것으로 전망된다.

"챗DBA"의 정식 서비스 개시 일정은 아직 공개되지 않았지만, WeDataLab의 지속적인 업데이트를 통해 더욱 향상 된 서비스를 제공할 계획이라고 밝혔다. 특히, WeDataLab은 이번 챗봇 서비스와 'EZIS' 솔루션을 통해, DBMS 전 문지식 제공 서비스의 새로운 표준을 제시하게 될 것으로 예상된다. 이로써 WeDataLab은 IT 시스템 전 구간의 통합 모니터링 뿐만 아니라, 전문적인 DBMS 지식 제공 서비스를 통해 데이터 관리의 새로운 패러다임을 제시하게 될 것으 로 보인다.

연관링크 rockplace.tistory.com   rockplace.tistory.com

기사의 맨 뒷부분을 보면, 앞서 전달한 회사 소개에 포함되어 있는 타 제품과 이번에 출시한 "챗DBA"의 관련성을 추론하여, 어떤 기대효과를 얻게 될 것인지를 서술하고 있다. 이렇게 직접 작성하지 않아도, ChatGPT 를 통해 특정 주제들을 연결하여 나타날 수 있는 인사이트들을 바탕으로 쉽게 전망과 관련한 내용을 생성할 수 있다.

그럼 위 내용을 바탕으로 요약(Lead)을 생성해 보겠다.

위 기사의 내용을 3줄로 요약해줘.

SOMIN PARK의 어시스턴트 GPT-4

WeDataLab은 AI 기반의 챗봇 "챗DBA"를 개발하여 2023년 8월 베타 서비스를 공개했습니다. "챗DBA"는 DBMS 에 대한 전문지식을 제공하는 대화형 AI로, 실무자들의 DBMS 관련 질문에 실시간으로 답변을 제공합니다. WeDataLab은 이를 통해 DBMS 전문지식 제공 서비스의 새로운 표준을 제시하게 될 것으로 보입니다.

연관링크   blog.est.ai   yna.co.kr   ice33352.tistory.com

- "챗DBA" 베타 서비스를 공개
- 실무자들의 DBMS 관련 질문에 실시간으로 답변을 제공
- DBMS 전문지식 제공 서비스의 새로운 표준을 제시하게 될 것

ChatGPT가 생성한 요약문을 짧게 간추려보았다. 위의 보도자료에 요약문을 포함시키면, 골격을 갖춘 보도자료가 완성될 것이다.

이렇게 작성된 초안을 바탕으로, 상황에 따라 강조하고 싶은 내용을 회사 소개 대신 앞 단락에 배치하여 좀 더 주제에 초점을 맞추는 등 보도자료를 수정, 보완할 수 있다.

1-6 ChatGPT 기획안 작성

기획안 작성 순서

ChatGPT를 활용해서 기획안을 작성할 수 있다.

먼저, 기획안을 작성하는 순서를 알아보겠다. 구체적인 상황에 따라 일부 내용이 달라질 수 있지만, 일반적인 기획안 작성 절차는 다음과 같다.

> 기획안 절차 표로 정리해 줘

강승우의 어시스턴트 GPT-4

기획안 작성 절차는 다음과 같이 정리할 수 있습니다:

순서	절차	설명
1	주제 선정	주제를 선정하며, 이를 통해 기획안의 목적을 명확히 합니다.
2	목표 설정	주제와 관련된 구체적인 목표를 설정합니다. 이는 기획안의 방향성을 제시합니다.
3	대상 정의	기획안의 대상이 될 사람이나 조직, 시스템 등을 정의합니다.
4	자료 조사	주제와 관련된 자료를 조사하여 필요한 정보를 수집합니다.
5	전략 수립	수집된 정보를 바탕으로 기획안 실행을 위한 전략을 수립합니다.
6	행동 계획 작성	수립된 전략을 실제로 실행하기 위한 구체적인 행동 계획을 작성합니다.
7	예산 계획	기획안 실행에 필요한 자금을 계획하며, 필요한 경우 투자 방안을 제시합니다.
8	기획안 작성	위의 모든 단계를 바탕으로 기획안을 작성합니다.
9	검토 및 수정	작성된 기획안을 검토하고, 필요한 부분을 수정합니다.
10	제출 및 발표	최종적으로 수정된 기획안을 제출하고, 필요한 경우 발표합니다.

이렇게 10단계를 통해 기획안을 작성하게 됩니다. 각 단계가 중요하므로 하나라도 빼놓지 않고 철저하게 준비해야 합니다.

기획안 작성하는 10단계를 알려주었다. 가장 먼저 해야 할 작업은 1단계 주제 선정이다. 기획안의 주제를 선정하기 위해서는 기획안의 목적을 명확히 해야 한다고 나와있다. 일반적인 기획안의 목적은 문제를 해결하는 방안을 찾기 위함인데, 적절한 해결 방안을 찾기 위해서 먼저 문제의 유형에 대해 파악해야 한다.

과제의 유형

기획안 과제, 즉 문제의 유형은 다음과 같이 크게 3가지로 분류된다.

〈표 : 문제의 유형〉

	발 생 형	탐 색 형	설 정 형
정 의	목표(기대하는 기준) / 현재의 기준 / 차 / 현재(실제의 상태)	목표(기대하는 기준) / 기준이 변화한다 / 차 / 현재(실제의 상태)	목표(기대하는 기준) 기준을 새롭게 설정한다. / 차 / 현재(실제의 상태)
시간축	과 거	현 재	미 래
발생원인	기준이탈 · 미달	개선 · 개량 · 강화	개발 · 기획 · 리스크 회피
행동자 관점	· 눈에 보인다 · 원인규명	· 찾아낸다, 찾는다 · 문제의식 수준에 따라 결정됨	· 만든다, 생각해 낸다 · 미래로부터 시작해서 지금 무엇을 할 것인가를 생각함
예 시	· 안전사고 · 불량품발생 · 대금회수율 저조 · 과잉재고 발생	· 생산성 15% UP · 기존상품으로 신규고객 30% 확보 · 재고 20% 삭감	· 신시장 개척 · 신 생산 시스템 설계 · 신규사업 창출 · 기업체질의 혁신

이미지 출처 : https://valuefactory.tistory.com/698

발생형 문제는 문제의 시점이 과거로, 기준이탈 혹은 미달로 인해 이미 발생된 문제를 말한다. 예를 들면, 불량품 발생, 과잉재고 발생 등이 있다.

탐색형 문제는 문제의 시점이 현재로, 현재의 상황을 개선하거나 개량, 강화하기 위해 발생하는 문제를 말한다. 예를 들면, 현재의 프로세스 생산성을 15% 상승시키거나, 기존 상품으로 신규고객을 30% 확보하는 것을 들 수 있다.

마지막으로, 설정형 문제는 문제의 시점이 미래에 있고, 어떠한 것을 개발하거나 기획하고 또는 앞으로의 리스크를 회피하기 위해 발생하는 문제를 말한다. 예를 들면, 신시장을 개척하거나, 신 생산 시스템을 설계, 기업체질의 혁신 등이 있다. 그러면, 각 문제의 유형에 따른 기획안 작성 예시를 살펴보겠다.

발생형 문제 사례 : 산불 예방

발생형 문제의 한 가지 예시로 산불 예방을 들 수 있다. 어떠한 원인에 의해 이미 발생한 사건인 산불에 대해 원인을 규명하고, 앞으로 산불이 발생하지 않도록 대응 방안을 세우는 것이다.

그러면 산불의 발생 원인은 여러 가지가 있을 텐데, ChatGPT에게 발생 원인을 나열해 달라고 해보겠다.

산불 발생 원인을 나열해 줘

KSW GPT3.5

산불은 다양한 원인으로 발생할 수 있습니다. 아래에는 일반적으로 알려진 산불 발생 원인을 나열해 드리겠습니다:

1. 인간의 부주의나 불법 행위: 가장 일반적인 산불 발생 원인 중 하나는 인간의 부주의나 불법 행위입니다. 쓰레기나 담배 버림, 캠프 파이어 관리 부실, 방화 등이 여기에 해당됩니다.

2. 자연 현상: 번개, 화산 폭발, 지진 등과 같은 자연 현상도 산불을 유발할 수 있습니다. 번개가 나거나 화산 폭발로 인해 화재가 발생하는 경우가 대표적입니다.

3. 기후 조건: 기후 조건 역시 산불 발생에 영향을 줍니다. 고온과 건조한 날씨는 식물과 지면이 매우 가열어져서 화재를 일으킬 가능성이 높아집니다.

4. 전기선 문제: 전기선 과부하, 과열 또는 파손된 전선 등으로 인해 스파크가 발생하여 주변 식물이 점화되고 산불로 이어질 수 있습니다.

5. 쓸모 없게 버려진 유탄류: 군사 작전에서 사용된 유탄류가 폐기되지 않고 버려져서 임야에 폭발하거나 화재를 일으켜 산불을 유발할 수 있습니다.

6. 자동차 사고: 차량 사고로 인해 연료 탱크가 파손되거나 누출되면서 화재가 발생할 수 있습니다.

7. 대규모 재난 상황: 지진, 태풍 등 대규모 재난 상황에서 건축물의 붕괴와 같은 사건으로 인해 화재가 발생할 수 있습니다.

산불 예방을 위해서는 주의와 예민성이 필요하며, 정부 및 지역 당국은 감시 시스템 구축 및 조기 경보 시스템 개선과 같은 예방 조치를 강화하는 것이 중요합니다.

인간의 부주의나 불법 행위 혹은 자연현상, 기후 조건의 변화 등 일반적으로 알려진 산불의 발생 원인을 알려준다. 여러 가지 원인들 중 한 가지를 골라, 그에 대한 대응 방안을 물어보겠다.

전기선 문제 산불 방지를 위해 해야할 일은?

 KSW GPT3.5

전기선 문제로 인한 산불을 방지하기 위해 다음과 같은 조치를 취할 수 있습니다:

1. 정기적인 점검과 유지보수: 전기선 및 전력 시설을 정기적으로 점검하고 유지보수하는 것이 중요합니다. 부식, 파손, 녹슬음 등을 검사하여 문제가 있는 부분을 조기에 발견하고 복구할 수도 있도록 합니다.

2. 과부하 예방: 전력 과부하는 전기선의 과열과 화재 위험을 증가시킬 수 있습니다. 따라서 안전한 용량으로 설계된 전력 회로를 사용하고, 너무 많은 기기를 동시에 사용하지 않도록 주의해야 합니다.

3. 가까운 식물 관리: 전력선이나 탈진 등으로 인해 가까운 식물이 전기선에 닿게 되면 화재 가능성이 큽니다. 따라서 주변 식물을 규칙적으로 관리하여 가까운 거리에 있는 가지나 일사귀가 전기선과 접촉하지 않도록 해야 합니다.

4. 소화장치와 비상 대책 마련: 재난 상황에서의 신속한 대응은 중요합니다. 주변에 소화장치를 설치하고 필요한 경우 비상 대책 및 대피 경로를 마련하는 것이 좋습니다.

5. 교육과 인식 제고: 사람들에게 산불 예방의 중요성을 알리고, 올바른 사용법과 주의사항을 교육하여 인식 제고를 할 필요가 있습니다. 특히 지역 사회와 농민들에게 이러한 정보를 제공하여 적절한 예방 조치를 이행할 수 있도록 돕는 것이 중요합니다.

6. 협력체계 구축: 관련 당국, 기업 및 지역 사회 간의 협력체계 구축은 조기 경보 시스템 개선 및 응급 상황 대응 능력 향상에 도움이 됩니다.

산불 예방은 모든 이해관계자들의 협동과 노력이 필요합니다.

산에 설치된 송전탑과 전기선 문제로 인해 발생하는 산불에 대한 예방 방안을 알려준다. 앞선 발생원인에서는 전기선 과부하, 혹은 전기선 파열 또는 파손된 전선으로 생긴 스파크가 식물에 옮겨 붙어 산불이 일어나게 된다고 말했다.

이를 사전에 예방하기 위해서는, 산에 설치된 송전탑과 전기선을 정기적으로 점검하고, 지속적인 유지보수로 파손이 일어나지 않도록 관리해야 한다.

또 ChatGPT는 과부와 예방, 가까운 식물 관리와 같은 직접적인 대응 방안 외에 간접적인 대응 방안에 대해서도 얘기하고 있다. 소화장치와 비상 대책 마련, 협력체계 구축 등 이미 산불이 발생했을 때 신속히 대응할 수 있는 방안에 대해서 알려주고 있다. 발생 원인과 대응방안은 경우에 따라 구체적인 내용이 달라질 수 있지만, ChatGPT가 작성한 일반적인 내용을 토대로 기획안을 더 발전시킬 수 있을 것이다.

탐색형 문제 사례 : 농촌 소멸 대책

현재 대한민국에서는 고령화 및 수도권 인구 집중화로 인해 지역 농촌의 인구 소멸 현상이 발생하고 있다. 탐색형 문제의 대표적인 사례로 볼 수 있다. 이러한 현재 상황을 개선하기 위해 해결방안을 모색하게 된다.

농촌 인구 소멸을 개선하기 위한 근본적인 해결 방안은 농촌의 인구를 늘리는 것이다. 그러면, 농촌의 인구를 늘리기 위해 어떤 세부 방안이 있는지를 알아보겠다.

KSW PALM2

아래는 농촌 인구를 늘리기 위한 방안을 5가지로 내용을 방안, 근거, 실제 사례 를 포함한 표로 정리한 것입니다.

방안	근거	실제 사례
기반시설 개선	농촌 지역의 기반시설이 부족하면 도시에서 농촌으로 이동하는 사람들이 줄어듭니다.	전라남도 장흥군은 농촌 지역의 도로와 상하수도 시설을 개선하고, 농촌 마을에 공공 도서관과 문화센터를 개설하는 등 다양한 기반시설 개선 사업을 추진하여 농촌 인구 증가에 기여했습니다.
청년 유입 정책	청년들이 농촌으로 이동하지 않으면 농촌 인구가 감소합니다.	경기도 안성시는 청년 농업인에게 창업 지원금을 제공하고, 농촌 지역에 청년 농업인 전용 주택을 제공하는 등 다양한 청년 유입 정책을 추진하여 농촌 인구 증가에 기여했습니다.
농촌 산업 육성	농촌 산업이 활성화되면 농촌 인구가 증가합니다.	강원도 평창군은 농촌 지역의 특산물을 활용한 관광, 농촌 체험, 농촌 공예 등의 산업을 육성하여 농촌 인구 증가에 기여했습니다.
농촌 환경 개선	농촌 환경이 좋으면 농촌 인구가 증가합니다.	충청북도 제천시는 농촌 지역의 환경을 개선하고, 농촌 지역의 자연환경을 보존하는 등 다양한 농촌 환경 개선 사업을 추진하여 농촌 인구 증가에 기여했습니다.
농촌 문화 활성화	농촌 문화가 활성화되면 농촌 인구가 증가합니다.	경상북도 울진군은 농촌 지역의 문화를 보존하고, 농촌 지역의 문화를 활성화하는 등 다양한 농촌 문화 활성화 사업을 추진하여 농촌 인구 증가에 기여했습니다.

농촌 인구를 늘리기 위한 방안 5가지와 근거, 실제 사례를 얘기해 준다. 그 중 "농촌 환경 개선"의 근거와 실제 사례가 내용이 다소 부족해 보인다. "농촌 지역 환경 개선"이 지역시설 인프라 확충을 말하는 것인지, 주민들의 주거환경, 생활환경 등을 개선하는 것인지 애매하다. 그래서 충청북도 제천시의 농촌 환경 개선에 대해 웹 검색을 해보았다.

충북 제천시, 농촌 주민 디지털 이용 환경 개선 나서

양승태 기자 | 입력 2023.10.24 14:25 | 댓글 0

| 정부 뉴딜 사업 추진 일환으로 농촌지역 광대역 통합망 구축

[충청매일 양승태 기자] 충북 제천시가 정부의 디지털 뉴딜사업의 하나인 '농촌지역 광대역 통합망 구축사업'을 추진한다.

24일 시에 따르면 이 사업은 디지털 접근성이 취약한 농촌 마을의 정보 이용격차 해소를 위해 인터넷 수요가 적어 초고속망 설치가 곤란한 지역에 국비를 지원받아 초고속 인터넷망을 구축하는 사업이다.

이를 통해 광케이블과 통신주, 광단자함 등 통신 설비 구축으로 농촌 주민의 디지털 이용 환경을 개선하게 된다.

출처 : https://www.ccdn.co.kr/news/articleView.html?idxno=941933

충북 제천시, 농촌생활환경정비사업 추진

지 박창서 | ⏱ 승인 2018.05.08 0741 | 📧 댓글 0

【충북·세종=청주일보】박창서 기자 = 충북 제천시는 농촌 지역의 영농 환경과 생활 여건 개선을 위해 농촌생활환경정비사업을 대대적으로 추진한다.

시는 올해 사업비 39억4000만원(국비 27억5800만원)을 투입해 봉양읍, 송학년, 금성년, 수산면, 한수면 등 5개 지구에 대해 정비사업을 진행한다.

특히, 봉양읍 공전2리 농로포장 등 그동안 주민 불편을 초래한 마을 내 도로정비는 물론 마을 상습 농경지 침수지역에 대한 배수로 정비 등 지역 주민이 정주 여건을 개선할 방침이다.

출처 : https://www.cj-ilbo.com/news/articleView.html?idxno=963471

제천시, 빈집정비로 주차장·쉼터 '조성'

지 옥선균 기자 | ⏱ 입력 2023.12.14 09:39 | ⏱ 수정 2023.12.14 09:40 | 📧 댓글 0

충북 제천시가 도심의 방치된 빈집을 철거하고 그 자리에 주차장이나 쌈지공원을 조성하는 주거환경 개선사업이 주민들로부터 큰 호응을 얻고 있다.

시는 올해 사업비 7억원을 들여 투입해 도심 속 빈집으로 방치된 명동 192-2번지(516㎡)와 화산동 167-2번지(170㎡)를 각각 매입해 주민쉼터와 주차장을 꾸몄다.

출처 : https://www.ccdailynews.com/news/articleView.html?idxno=2245560

첫 번째 뉴스 기사에서는 농촌지역 광대역 통합망 구축과 같은 통신 인프라 확충에 대해 말하고 있다.

한편 나머지 뉴스 기사에서는 도로정비, 빈집 철거와 같은 주민 생활환경 개선, 배수로 정비와 같은 영농환경 개선에 대해 말하고 있다. 이렇게 ChatGPT가 답변한 내용을 바탕으로 세부적인 내용을 검색해 볼 수 있다. 위의 나열한 뉴스 기사에서 농촌의 환경 개선을 위해 투입된 예산 규모에 대해서도 언급하고 있다.

그러면 세 번째 방안인 "농촌 산업 육성"에 대해, 특정지역의 예산 규모와 농촌 산업 육성을 위해 예상되는 예산 규모 등 구체적인 사항에 대해 질문해 보겠다.

강원도 평창의 농촌 산업 육성을 위한 예산 규모를 확인하고, 강원도 영월을 위한 농촌 산업 아이디어 3가지를 예상되는 예산 규모와 함께 알려줘

KSW   PALM2

강원도 평창의 농촌 산업 육성을 위한 예산 규모는 2022년 기준으로 190억 원입니다. 이는 농촌 지역의 특산물을 활용한 관광, 농촌 체험, 농촌 공예 등의 산업을 육성하기 위한 것입니다.
강원도 영월을 위한 농촌 산업 아이디어 3가지를 예상되는 예산 규모와 함께 알려드리겠습니다.

- 농촌 지역의 특산물을 활용한 관광: 영월은 맑은 물과 푸른 산으로 둘러싸인 아름다운 자연환경을 가지고 있습니다. 이 자연환경을 활용하여 관광객을 유치할 수 있습니다. 예산 규모는 약 100억 원입니다.
- 농촌 체험: 영월에는 다양한 농촌 체험 활동을 할 수 있습니다. 예를 들어, 농사짓기, 농촌 음식 만들기, 농촌 생활 체험 등을 할 수 있습니다. 예산 규모는 약 50억 원입니다.
- 농촌 공예: 영월에는 다양한 공예품이 있습니다. 예를 들어, 목공예, 도자기, 섬유공예 등을 할 수 있습니다. 예산 규모는 약 40억 원입니다.

먼저 강원도 평창의 2022년 기준 예산 규모 190억 원에 대해 말한다.

그리고 강원도 영월을 위한 농촌 산업 아이디어 3가지와 함께 각각의 방안에 예상되는 예산 규모도 함께 말해준다.

실제 예산 규모와 맞는지 한번 확인해 보겠다.

● 강원도청 : 평창군 예산 규모 추이

출처 : https://state.gwd.go.kr/portal/administration/YGB/budgetSummary/2022

위의 자료를 통해 강원도 평창군의 2022년 예산 규모는 5,603억 원인 것을 확인할 수 있다.

그러면 강원도 영월에 대해 제시한 아이디어 "농촌 지역 특산물 활용 관광"과, 예상되는 예산 규모 100억 원에 대해 세부적인 내용을 추가 질문해 보았다.

농촌 지역 특산물을 활용한 관광 홍보 비용으로 20억 원을 얘기해 주고 있다. 실제의 경우, 다른 지역은 어느 정도의 예산이 소요되었는지 알아보겠다.

예산군, 대표 농·특산물 유통 및 마케팅 활성화 본격 추진

지역 〉 충남 〉 예산 | 입력 2022.02.02 13:11
박대항 pdh4112@daejonilbo.com +구독

| 총 사업비 22억4300만원 투자, 생산자 역량강화 및 새로운 유통망 확충

[예산]예산군이 농산물 중 7대 품목(사과, 배, 방울토마토, 수박, 딸기, 쪽파, 꽈리고추)과 예가정성 인증을 받은 농·특산물에 대해 소비자 인지도 향상을 위한 유통·마케팅 활성화 사업을 올해부터 본격적으로 추진한다.

농·특산물 유통·마케팅 활성화 사업은 2021년도 충남도 균형발전사업으로 선정된 사업으로 5년간 총사업비 17억1500만원을 투입해 △예가정성 브랜드 품질관리체계 구축 △생산지역량 강화교육 △마케팅전략수립 △국내외 시장개척 △세험 활성화를 위한 사업을 추진하게 된다

출처 : https://www.daejonilbo.com/news/articleView.html?idxno=1504772

충청도 예산군의 경우 대표 농특산물 유통 및 마케팅 활성화 사업으로 17억 1500만원을 투입했다고 한다. ChatGPT가 제시한 금액과 어느 정도 비슷한 규모인 것을 확인할 수 있다. 다만, ChatGPT가 언급한 강원도 평창의 2022년 예산은 실제와 많은 차이가 났다.

정보가 시간과 지역의 영향을 크게 받는 것일수록, ChatGPT를 통한 검색보다 웹 검색의 결과가 더 정확하다. 이러한 정보의 최신성 이슈는 앞서 이야기한 Web ChatGPT와 같은 확장프로그램을 활용해 보완할 수 있다.

설정형 문제 사례 : 문화 상품 개발

설정형 문제의 사례로, 앞으로 한국의 외국인 관광객을 더 유치하기 위해 지금 무엇을 할 수 있는지에 대한 문제가 있다. 외국인 관광객이 앞으로 한국을 많이 방문하기 위해서, 우리나라만의 고유한 문화를 살린 관광 문화 상품을 개발하는 방안을 생각해 볼 수 있다. 그러면 한국을 대표하는 문화적 특징은 어떤 것들이 있는지를 물어봤다.

한국을 대표하는 문화적 특징 5가지 얘기해 줘

KSW GPT4

한국의 문화는 수천 년 동안의 역사와 전통, 그리고 현대적인 변화와 세계화가 복합적으로 얽혀있습니다. 다음은 한국을 대표하는 문화적 특징 5가지입니다.

1. 한글: 한글은 세종 대왕이 고안하여 1446년에 반포된 한국의 고유 글자입니다. 그 이전에는 한자를 사용하였지만, 일반 백성들이 읽고 쓰기 어렵다는 문제점이 있었습니다. 이에 세종 대왕은 백성들도 쉽게 배울 수 있는 글자를 만들기 위해 '훈민정음'을 창제하였습니다. 이것이 바로 오늘날 우리가 아는 '한글'입니다.

2. 한복: 한복은 전통적인 한국의 옷차림입니다. 여성용으로는 저고리와 치마, 남성용으로는 저고리와 바지로 구성되며, 화려한 색상과 독특한 디자인이 특징인데요, 특별한 날이나 명절 때 입습니다.

3. 불교와 유교: 불교와 유교는 오랫동안 한반도에서 가장 영향력있던 종교였습니다. 불교는 많은 사찰과 조각상 등을 남겼으며, 유교는 사회구조와 가치관에 크게 기여하였습니다.

4. 김장문화: 김장문화란 겨울철 식량 보존을 위해 가을에 배추나 무 등을 절여서 만드는 깍두기나 배추김치 등 다양한 종류의 김장김치를 준비하는 것을 말합니다. 이러한 김장문화가 유네스코 무형문화유산으로 지정되었습니다.

5. K-POP과 K-Drama: 최근 몇 십년 동안 K-POP(대표적으로 BTS, BLACKPINK 등)과 K-Drama(대표적으로 "파라사이트", "오징어 게임" 등)는 전 세계적으로 인기를 끌고 있습니다. 이들은 한국의 현대 문화를 대표하며, 한류(Hallyu)라고 불리는 현상

한글, 한복, 불교와 유교, 김장문화, K-POP & Drama를 추천해 준다. 그 중 새로운 문화상품을 만들기 위해 가장 적합한 분야를 선택해서, 구체적인 방안을 기획해 달라고 해보겠다.

앞의 한국 문화 특징 5가지 항목 중에서 새로운 문화상품을 만들기 위해 가장 적합한 분야를 선택하여 구체적
방안 3가지 정리해서 표로 만들어 줘.

 KSW GPT4

한국의 문화적 특징 중에서 "K-POP과 K-Drama"는 이미 전 세계적으로 인기를 끌고 있으며, 이 분야를 활용하여 새
로운 문화상품을 만드는 것이 가장 적합하다고 판단됩니다. 아래에 구체적인 방안 3가지를 정리한 표를 제시하겠습니
다.

번호	방안	설명
1	K-POP & K-Drama 테마파크	한국 드라마와 음악을 기반으로 한 체험형 테마파크 개발. 캐릭터나 배경 등을 재현하여 관광객들이 직접 체험할 수 있게 함
2	VR/AR 콘텐츠 개발	가상 현실(VR)과 증강 현실(AR) 기술을 활용해 K-POP 공연이나 드라마 장면 등을 체험할 수 있는 콘텐츠 개발
3	공식 MD 상품 확대 및 다양화	각 아티스트나 드라마마다 고유의 스타일과 이미지를 반영한 다양한 종류의 공식 MD 상품(옷, 액세서리, 스테이셔너리 등) 제작 및 판매

위와 같은 방안들은 이미 성공적으로 입증된 K-POP과 K-Drama 분야의 인기와 유행성, 그리고 디지털 기술의 발전
을 활용하여 한국 문화의 전파와 상품화 가능성을 높일 수 있습니다.

   현재 BTS, BLACKPINK와 같은 아이돌 뮤직, 또는 오징어게임, 빈센
조와 같은 한국 드라마가 전세계적으로 많은 인기를 끌고 있다. ChatGPT
도 이러한 사실을 반영해서, K-POP과 K-Drama를 활용한 새로운 문화
상품 개발 방안을 추천해 준다.

   그러면 ChatGPT를 활용해서 기획안을 어떤 순서로 작성할 수 있는지
알아보겠다. 먼저, 앞선 사례처럼 외국인 관광객을 모집할 수 있는 일반적
인 방안 몇 가지에 대해 물어본다.

승우 외국 관광객을 모집할 수 있는 기획안 3개 부탁해

물론, 외국 관광객을 모집하는 기획안을 제안해드리겠습니다. 아래는 세 가지 다양한 아이디어 입니다:

1. **문화 체험 프로그램 개발 및 홍보**
   - **아이디어**: 지역 문화와 전통을 외국인 관광객에게 체험할 수 있는 다양한 프로그램을 개발하고, 해당 프로그램을 홍보하여 관광객들의 흥미를 유발합니다.
   - **구체적인 내용**:
     - 전통 음식 요리 체험, 공예 작업장 방문, 의례나 축제 참여 등 지역 문화에 관련된 다양한 활동을 제공합니다.
     - 관광객들이 직접 참여하면서 지역 문화를 배우고 체험할 수 있는 프로그램을 개발합니다.
     - 온라인 및 오프라인 채널을 통해 이러한 프로그램을 홍보하고, 다양한 관광 컨텐츠를 제공하여 관광객들의 호기심을 자극합니다.

2. **자연 탐험 및 환경 보호 캠페인**
   - **구체적인 내용**:
     - 국제 음악 축제, 민속 예술 공연, 문화 행사 등 다양한 문화 이벤트를 개최하여 지역 문화를 외국인 관광객과 공유합니다.
     - 지역 주민들과 관광객들이 함께 참여할 수 있는 문화 교류 프로그램을 구성하여 상호 이해와 친밀감을 촉진합니다.
     - 관광객들이 이벤트를 통해 지역의 독특한 문화를 체험하고 기억에 남는 경험을 얻을 수 있도록 노력합니다.

이러한 아이디어 중에서도 지역의 특성과 관광객의 관심에 맞게 조정하여 더 구체적이고 효과적인 기획안을 수립할 수 있을 것입니다.

그리고 제시해 준 여러 가지 방안 중 특정 방안에 대한 구체적인 기획 방안을 질문한다.

승우   1번 구체적으로 기획해줘

⊚   물론, 문화 체험 프로그램을 개발하고 홍보하는 구체적인 기획안을 제시해보겠습니다.

문화 체험 프로그램: 지역 민속음식 요리 체험과 공예 작업장 방문

목표: 외국 관광객들에게 지역의 고유한 문화와 전통을 체험하고 이해시키는 기회를 제공하며, 지역 경제 활성화를 도모합니다.

프로그램 내용:

1. **민속음식 요리 체험:**
   - 관광객들에게 지역 전통 음식을 직접 만들어보고 맛보는 체험 프로그램을 개발합니다.
   - 전문 조리사나 지역 주민이 안내하며, 관광객들은 지역 식재료를 사용하여 특별한 요리를 준비합니다.
   - 요리 체험 후에는 관광객들끼리 함께 식사하면서 문화 교류의 기회를 가집니다.
   - **구체적인 내용:**
     - 국제 음악 축제, 민속 예술 공연, 문화 행사 등 다양한 문화 이벤트를 개최하여 지역 문화를 외국인 관광객과 공유합니다.
     - 지역 주민들과 관광객들이 함께 참여할 수 있는 문화 교류 프로그램을 구성하여 상호 이해와 친밀감을 촉진합니다.
     - 관광객들이 이벤트를 통해 지역의 독특한 문화를 체험하고 기억에 남는 경험을 얻을 수 있도록 노력합니다.

이러한 아이디어 중에서도 지역의 특성과 관광객의 관심에 맞게 조정하여 더 구체적이고 효과적인 기획안을 수립할 수 있을 것입니다.

해당 내용에 대해 표 형식으로 보기 쉽게 정리하는 과정 또한 추가할 수 있다.

물론, 아래는 앞서 기술한 문화 체험 프로그램을 표로 정리한 것입니다.

항목	내용
프로그램 이름	지역 문화 체험 프로그램: 민속음식 요리 체험과 공예 작업장 방문
목표	외국 관광객에게 지역 문화와 전통을 체험하고 이해시키며, 지역 경제 활성화 도모
프로그램 내용	
민속음식 요리 체험	- 지역 전통 음식 만들기와 맛보기 체험 - 전문 조리사나 지역 주민의 안내
	- 지역 식재료 사용 - 관광객 간의 식사 및 문화 교류
공예 작업장 방문	- 지역의 전통 공예 작업장 방문 - 지역 장인과 함께 공예 작업 체험
	- 완성 작품을 관광객이 소유하거나 기념품으로 가져갈 수 있음
프로그램 홍보	
온라인 채널 활용	- 지역 관광 홈페이지 및 소셜 미디어를 통한 프로그램 소개 페이지 제작
	- 프로그램 내용, 일정, 참가비용 등 상세 안내

이런 식으로 표를 활용하면 구체적인 기획 내용을 명확하게 시각화할 수 있어 관련자들과의 공유와 협업에 도움이 될 수 있습니다.

마지막으로, 위의 항목들에 대해 예상되는 비용의 칼럼을 추가한다.

물론, 예상 비용 컬럼을 추가한 표를 아래에 제시해드리겠습니다.

항목	내용	예상비용
프로그램 이름	지역 문화 체험 프로그램: 민속음식 요리 체험과 공예 작업장 방문	$XX,XXX
목표	외국 관광객에게 지역 문화와 전통을 체험하고 이해시키며, 지역 경제 활성화 도모	
프로그램 내용		
민속음식 요리 체험	- 지역 전통 음식 만들기와 맛보기 체험 - 전문 조리사나 지역 주민의 안내	$X,XXX
	- 지역 식재료 사용 - 관광객 간의 식사 및 문화 교류	
공예 작업장 방문	- 지역의 전통 공예 작업장 방문 - 지역 장인과 함께 공예 작업 체험	$X,XXX
	- 완성 작품을 관광객이 소유하거나 기념품으로 가져갈 수 있음	
프로그램 홍보		
온라인 채널 활용	- 지역 관광 홈페이지 및 소셜 미디어를 통한 프로그램 소개 페이지 제작	$XXX

이 표에는 "예상 비용" 컬럼을 추가하여 각 항목에 대한 예상 비용을 기재해두었습니다. 이를 참고하여 프로그램의 전체 예상 비용을 추산하고, 예산을 계획하는 데 활용하실 수 있습니다.

그러면 표에 추가된 예상 비용 칼럼에 각자 상황에 맞는 비용을 추산해서 넣으면 된다. ChatGPT에게 대략적인 예상 비용을 제시해 달라고 할 수 있지만, 실제 다른 사례들을 통해 내용을 검증하고 보완하는 작업이 필요할 것이다.

기획안 이미지 생성

기획안에 들어갈 시각자료 또한 생성형 AI를 활용하여 생성할 수 있다. 위의 외국인 관광객 모집 기획안에 들어갈 이미지를 생성해 보겠다.

● 뤼튼(GPT-4)의 이미지 생성 결과

한옥과 한복을 주제로 외국 관광객 대상 홍보 이미지를 추상적으로 그려줘

한옥과 한복에 관한 이미지가 생성되었다. "추상적으로"라는 단어를 프롬프트에 넣어 생성했지만, "참신한", "새로운", "세련된" 등의 단어를 넣

어 생성해 볼 수도 있을 것이다.

그러면, 마이크로소프트 빙 채팅(Copilot)에서 또 다른 이미지를 생성해 보겠다. 앞선 기획안의 주제인 민속음식 요리 체험 프로그램에 대한 홍보 이미지를 그려보자. 다음과 같은 프롬프트를 작성하였다.

● MS Copilot의 이미지 생성 결과

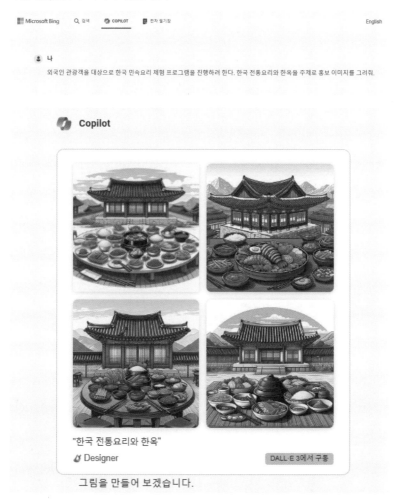

그림을 만들어 보겠습니다.

"한국의 전통요리와 한옥"을 주제로 4가지의 일러스트 이미지가 완성되었다.

추가적으로, 좀 더 사실적인 그림을 위해 "실제 사진처럼" 그림을 그려 달라고 해보았다.

👤 **나**

실제 사진처럼 그려줘.

✦ **Copilot**

그림을 만들어 보겠습니다.

👍 👎 📋 ⬇ 🔗 🔊　● 3 / 30

"한국 전통요리와 한옥, 사진처럼"

✐ Designer　　　　　　　　　　　　　DALL·E 3에서 구동

그림의 밝기와 조명의 색 등을 조정하여 이전 그림보다 좀 더 디테일한 특징이 추가된 이미지를 생성했다.

MS Bing Copilot으로 생성한 위 그림들의 오른쪽 하단을 보면, 이미지를 생성할 때 Dall-E 3에서 구동했다고 표시되어 있다. 2024년 2월 기준으로, Dall-E 3는 ChatGPT 플러스(유료 구독) 이용자에게 제공되고 있으나, MS Bing Copilot을 통해 Dall-E 3의 이미지 생성 기능을 일부 사용할 수 있다.

이렇게 생성형 AI 기반 서비스인 뤼튼과 빙 코파일럿을 활용해 기획안에 들어갈 이미지를 생성하는 법을 알아보았다. 추가적인 이미지 생성 방법은 앞선 "1.2. ChatGPT 기본 활용"의 "이미지 생성" 부분에서 자세히 다루었다. 해당 부분을 참고하여, 더 다양한 이미지를 생성해 보기 바란다. 그리고, 주의할 점으로 언급했던 AI 이미지 생성의 환각 현상도 기억하기 바란다.

Dall-E 3 : 업그레이드된 OpenAI의 이미지 생성 툴

OpenAI에서 개발한 텍스트-이미지 생성 및 변환 인공지능 달리 (DALL-E)를 통해서 더 다양한 고품질 이미지를 생성할 수 있다.

2023년 10월에 공개된 Dall-E 3는 이전 버전에 비해 더 높은 수준의 텍스트 및 세부 사항을 해석할 수 있으며, 사용자의 아이디어를 매우 정확한 이미지로 변환한다.

OpenAI는 Dall-E 3를 ChatGPT에 통합하여, 생성할 이미지의 대략적인 개요만 설명하면, ChatGPT가 이를 구체화할 다양한 프롬프트를 제공해 이미지를 만들어 내도록 할 것이라고 밝혔다. 물론 채팅으로 이미지 수정 또한 가능하다.

Dall-E 3로 아래와 같이 다양한 이미지들을 생성할 수 있다.

출처 : https://www.aitimes.com/news/articleView.html?idxno=154534

마치 사진으로 직접 찍은 듯한, 또는 예술가가 실제 그린 작품처럼 생생한 고품질의 이미지를 만들어낸다. 현재 2024년 2월 기준으로, Dall-E 3는 ChatGPT 플러스 플랜 구독자에게 제공되고 있다.

아래는 Dall-E 3로 "미래 도시"와 관련된 이미지를 생성한 예시이다.

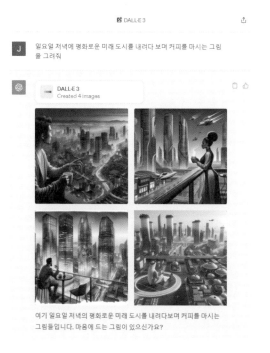

ChatGPT에게 지시하는 것처럼, 구체적인 단어 없이 대략적인 개요만 프롬프트에 입력했다. 사용자의 요구에 맞는 4가지의 생성한 그림을 제시해 준다. 그 외에도, 기존 그림을 수정하거나, 기존 그림을 기반으로 새롭게 디자인한 그림을 생성해 달라고 요청할 수도 있다. 이렇게 생성형AI 기반의 여러 이미지 생성 툴을 통해, 기획안의 내용을 보충하고, 더욱 풍부하게 만들 수 있다.

1-7 ChatGPT 회계 기본 활용

ChatGPT의 회계 시험(Accounting Exam)

2023년 미국의 한 대학에서는 회계 분야에서의 AI 성능을 평가하기 위해, 회계학과 학생들과 ChatGPT 간의 회계 시험 성적을 비교하는 연구를 진행했다.

연구 결과는 ChatGPT(평균 점수 47.4%)보다 학생들(평균 점수 76.7%)이 더 우수하다고 나왔다. 하지만 회계정보시스템(AIS)와 감사(Audit) 관련한 문항에서는 ChatGPT의 성적이 학생들의 평균 성적보다 더 뛰어났다. 또 ChatGPT는 참/거짓을 선택하는 문항 및 객관식 문항에서는 더 나은 답변을 부였지만, 단답식 질문에서는 어려움을 겪었다.

(참고 : 2024년 출시된 GPT-4o 모델은 단답식 질문에 대한 상당한 향상을 보인다. 다음과 같은 질문에도 정확한 답을 맞춘다.

다음의 문제를 단계별로 차근차근 풀어보자.

㈜한국기업의 제조에 대한 내용이 다음 [보기]와 같은 경우 제품의 판매가격은 얼마인가.

[보기]
기초원가 = 200,000 가공원가 = 350,000
제조간접비는 직접노무비의 250%

판매관리비는 제조원가의 20%
판매이익은 총원가의 10%

    ————————————————

)

    이런 한계에도 불구하고, 연구자들은 ChatGPT가 회계 질문을 개선하고, 발견한 문제를 해결할 것으로 예상하고 있다. 가장 유망하다고 기대되는 측면은 디자인, 테스트 과제, 프로젝트의 초안 부분을 돕는 것과 같이 교육 및 학습을 향상시키는 챗봇의 잠재력이다.

OpenAI's ChatGPT Tackles University Accounting Exams

Published 4 months ago on May 1, 2023
By **Alex McFarland**

Photo by Yireh Khodadi via Unsplash.

● 관련 기사 번역

OpenAI는 최근 획기적인 AI 챗봇인 GPT-4를 출시해 다양한 분야에서 파장을 일으키고 있다. 변호사 시험에서 백분위수 90점, AP 시험 13개 중 15개를 통과, GRE Verbal 시험에서 거의 만점에 가까운 점수를 받은 GPT-4의 성능은 징말 대단합니다.

Brigham Young University(BYU)와 186개 다른 대학의 연구원들은 OpenAI의 기술이 회계 시험에서 어떻게 수행될지 궁금해했습니다. 원래 버전인 ChatGPT를 테스트한 결과 회계 도메인에는 여전히 개선의 여지가 있지만 이 기술은 교육을 제공하고 받는 방식에 긍정적인 영향을 미칠 게임 체인저라는 사실을 발견했습니다.

ChatGPT는 2022년 100월에 데뷔한 이후 두 달도 안 되어 XNUMX억 명의 사용자를 달성하며 가장 빠르게 성장하는 기술 플랫폼이 되었습니다. 교육에서 ChatGPT와 같은 AI 모델의 역할에 대한 지속적인 논쟁에 비추어 공부 저자인 BYU 회계학과 교수인 David Wood는 실제 대학 회계학과 학생들과 AI의 성능을 평가하기 위해 가능한 한 많은 교수를 모집하기로 설정했습니다.

ChatGPT 대 회계 시험 학생

이 연구에는 327개국이 186개 교육 기관에서 14명이 공동 저자가 참여하여 25,181개의 강이 실 회계 시험 문제를 제공했습니다. BYU 학부생들도 2,268개의 교과서 은행 문제를 제공했습니다. 질문은 회계 정보 시스템(AIS), 감사, 재무 회계, 관리 회계 및 세무와 같은 다양한 회계 하위 분야를 다루었습니다. 또한 난이도와 유형도 다양했습니다.

ChatGPT의 성능은 인상적이었지만, 학생들은 평균 점수 76.7%로 ChatGPT가 47.4%에 비해 AI를 능가했습니다. 질문의 11.3%에서 ChatGPT는 학생 평균보다 높은 점수를 얻었으며 특히 AIS 및 감사에서 뛰어났습니다. 그러나 수학적 프로세스의 어려움으로 인해 세금, 재무 및 관리 평가에 어려움을 겪었습니다.

ChatGPT는 참/거짓 질문(정확도 68.7%)과 객관식 질문(59.5%)에서 더 나은 결과를 보였지만 단답형 질문(28.7%에서 39.1%)에서는 어려움을 겪었습니다. 일반적으로 고차원적 질문에 어려움을 겪었고 때로는 오답에 대한 권위 있는 서면 설명을 제공하거나 동일한 질문에 다른 방식으로 답변했습니다.

교육에서 ChatGPT의 미래

한계에도 불구하고 연구자들은 GPT-4가 회계 질문을 개선하고 발견한 문제를 해결할 것으로 예상합니다. 가장 유망한 측면은 디자인 및 테스트 과제 또는 프로젝트의 초안 부분을 돕는 것과 같이 교육 및 학습을 향상시키는 챗봇의 잠재력입니다.

연구 공동 저자이자 동료 BYU 회계 교수인 멜리사 라손(Melissa Larson)은 "이것은 혼란이며 우리가 여기서 어디로 가는지 평가해야 합니다."라고 말했습니다. "물론, 나는 여전히 TA를 가질 것이지만 이것은 우리가 그들을 다른 방식으로 사용하도록 강요할 것입니다."

AI가 계속해서 발전함에 따라 교육자들은 이러한 기술을 교육 방법에 통합하기 위한 새로운 방법을 적용하고 찾아야 합니다.

출처 : https://www.unite.ai/openais-chatgpt-tackles-university-accounting-exams/

2023년 11월 ChatGPT-4 Turbo까지 출시되면서, 회계 분야에서 ChatGPT의 활용은 더욱 주목받고 있다.

그리고, 2024년 발표된 GPT-4o에 포함된 이미지 인식은 다음과 같이 영수증 이미지에서 항목 내역을 자동 추출할 수 있어, 회계 업무 자동화에 활용될 수 있을 것이라 생각된다.

––––––––

첨부된 영수증의 각 항목에 대해 개수와 금액을 표시하고, 전체 금액을 계산해 줘.
그리고, 회사 규정상 5000원 이상의 음료는 하루에 한 번만 경비 사용 가능한데.
해당 항목에 대한 검사를 해줘

––––––––

이제 ChatGPT를 기본 회계 업무에 어떻게 활용할 수 있는지 알아보도
록 하겠다.

회계 업무 분류

먼저, 회계 업무의 종류에 대해 알아보겠다. 회계 업무는 목적에 따라 3가지로 나누어진다.

기업 외부 공시 목적의 재무회계, 세무신고 목적의 세무회계, 기업 내부 관리 목적의 관리회계이다. 그 중 이번에 다뤄볼 재무회계는 투자자나 채권자 등 외부 이해관계자의 의사결정에 도움을 줄 수 있는 정보를 제공하기 위한 과정이다. 기업의 재정상태와 성과 등을 공개함으로써 기업의 재무활동을 추적하고 평가할 수 있다. 예를 들면, 주식 투자를 해본 사람들은 어떤 기업의 주식을 구매할 때 해당 기업의 재무제표를 살펴본 경험이 있을 것이다.

● 목적에 따른 회계의 종류

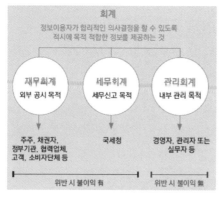

출처 : https://dbr.donga.com/graphic/view/gdbr_no/7780

재무제표 '기업의 건강진단서'

기업의 재정상태를 정리해 공시하기 위해서, 재무제표라는 것을 만들게 된다. 재무제표는 '기업의 건강진단서'라고 할 수 있다. 기업의 재무상태와 건강한 운영을 체크하는 지표인 것이다.

재무제표는 3가지의 표로 구성되어 있는데, 재무상태표, 손익계산서, 현금흐름표이다. 재무상태표는 결산일 현재의 재무 상태, 즉 재무 안정성을 보여준다. 재무상태표를 구성하는 주요 항목에는 자산의 총계, 유동 비율, 부채 비율, 이익 잉여금이 있다. 자산의 총계는 기업의 부채와 자본의 합한 금액과 같고, 기업의 규모를 가늠할 수 있는 지표이다. 유동 비율은 기업의 단기 부채 상환 능력을, 부채비율은 기업의 재무 안정성을, 이익 잉여금은 과거의 누적 이익을 살펴볼 수 있는 지표이다.

다음으로, 손익계산서는 회계기간 동안의 경영 실적을 알 수 있는 표이다. 즉, 수익과 비용을 계산하여 기업 경영의 수익성을 측정할 수 있다. 주요 항목으로는 매출액, 영업이익률, 영업이익, 당기순이익이 있다. 과거의 매출액과 현재의 매출액을 비교해서 기업의 매출 증가여부를 알 수 있다. 매출액에서 영업비용을 차감한 결과인 영업이익을 통해 기업의 영업활동 성과를 측정할 수 있다. 또 영업이익을 매출액으로 나누고, 100을 곱하여 영업이익률을 계산하게 되는데, 이를 통해 비용의 효율적인 관리 여부를 알 수 있다. 마지막으로, 매출액에서 총비용(영업비용, 금융비용, 세금 등 포함)을 차감한 당기순이익(Net Income : 순 수익)을 통해 주주의 총이익을 가늠할 수 있다.

현금흐름표에서는 회계기간 동안의 현금 증감 내역을 보여주는 표이다. 구성하는 주요 항목으로, 영업활동으로 인한 현금흐름, 투자활동으로 인한 현금흐름, 재무활동으로 인한 현금흐름이 있다. 영업활동으로 인한 현금흐름에서는 매출 수익, 비용, 세금 등 핵심 영업과 관련한 현금 변동이 포함되고, 투자활동으로 인한 현금흐름에서는 자산 취득 및 처분, 투자 등과 관련한 현금 변동을 포함한다. 재무활동으로 인한 현금흐름에서는 주식의 발행, 배당 지급, 차입금 상환과 같이 기업의 자금 조달과 관련한 현금 변동이 포함된다. 이러한 지표들을 통해, 기업의 현금 증감 이유와 증감 액수를 알 수 있다.

● 기업 자산의 구조

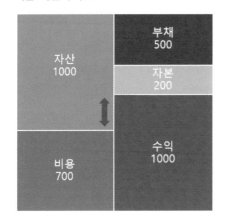

재무제표 분석 포인트

그럼 재무제표 분석할 때 주의 깊게 봐야 하는 포인트는 어떤 것이 있을까? 크게 기업의 경영에 대해 3가지를 주로 분석할 수 있다. 성장성 분석, 수익성 분석, 안정성 분석이다.

성장성 분석은 기업이 앞으로도 발전할 가능성이 있는지에 대한 것으로, 매출액 증가율과 순이익 증가율로 판단할 수 있다. 수익성 분석은 기

업이 자본을 효율적으로 활용하고 있는지에 대해 보며, 관련 지표로는 총
자산 이익률(ROA), 자기자본 이익률(ROE), 영업이익률이 있다. 마지막으로
안정성 분석을 통해 기업의 현금 확보 능력에 대해 알 수 있다. 그럼 기업의
안정성을 보여주는 지표에는 어떤 것들이 있는지 ChatGPT에게 물어봤다.

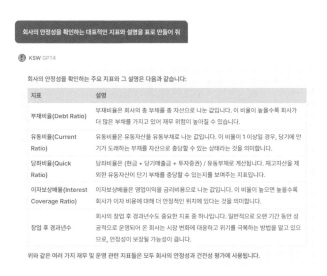

ChatGPT가 답변한 결과를 바탕으로 주요 지표는 부채비율, 유동비율,
당좌비율 이렇게 3가지로 요약해 볼 수 있다. 이렇게 재무제표를 분석할
때 봐야 하는 지표, 혹은 단순 회계 지식과 관련해서 ChatGPT에게 질문
하여, 쉽게 설명을 알아볼 수 있다. 그럼 ChatGPT와 재무, 회계 분야의
일반적인 질의응답 사례에 대해 알아보도록 하겠다.

일반적인 질의 응답

먼저, 기업의 안정성을 나타내는 지표인 유동 비율에 대한 질문을 살펴 보겠다.

> 산업별 적정 유동성 비율을 표로 만들어 줘

KSW

산업별 적정 유동성 비율을 정확하게 제공하기는 어렵습니다. 이는 각각의 산업과 회사마다 다양한 요인들이 작용하기 때문입니다. 그러나 일반적으로 다음과 같은 가이드라인을 참고할 수 있습니다.

산업	유동비율 (Current Ratio)	당좌비율 (Quick Ratio)
제조업	1.5 - 2.0	1.0 - 1.5
소매업	1.2 - 2.0	0.5 - 1.0
서비스 업종	1.5 - 2.0	1-1.5
건설업	2-3	1-2
IT/소프트웨어 업종	3-6	2-4

참고: 이 표는 일반적인 가이드라인에 불과하며, 실제 적정 비율은 해당 산업의 특성, 경영 상황, 경제 상태 등 많은 요소에 따라 크게 달라질 수 있습니다.
또한, 유동비율(Current Ratio)은 회사가 장기 부채를 감당할 수 있는 능력을 나타내며, 당좌비율(Quick Ratio)은 좀 더 짧은 기간 내에 부채를 감당할 수 있는 능력을 나타냅니다.
각 비율의 정의는 다음과 같습니다:
- 유동비율(Current Ratio): (현금 + 매출가능한 재고 + 순현금화 가능한 자산) / 당기 부채
- 당좌비율(Quick Ratio): (현금 + 순현금화 가능한 자산) / 당기 부채

즉, 유동성 비율이 높을수록 회사가 현재 부채를 감당하는 데 있어서 긍정적입니다.

financialist.tistory.com   financialist.tistory.com   m.blog.naver.com

산업별 적정 유동성 비율에 대해, ChatGPT는 일반적인 가이드라인을 제공해 준다. 그리고 실제 적정 비율은 해당 산업의 특성, 경영 상황, 경제 상황 등에 따라 달라질 수 있다고 덧붙인다.

그럼, 회계와 밀접한 관련이 있는 세무 분야에 대한 질문을 해보았다.

한국의 법인 사업과 개인 사업에 대한 세무적 장·단점을 표로 정리해 주었다. 세율, 비용차감, 재산분리, 상속 및 양도 같은 항목별로 세무적인 측면에서 법인 사업과 개인 사업의 장·단점을 요약해 주었다.

ChatGPT 재무제표 분석

ChatGPT에게 재무상태표를 요약하도록 지시할 수 있다.
전자공시 사이트 DART(전자공시시스템(fss.or.kr))에서 재무상태표를 복사해 아래와 같은 프롬프트를 구성해 보겠다.

아래의 재무상태표를 분석하고, 글머리 기호를 포함한 5문장으로 요약해 줘.
[재무상태표 복사해서 붙여넣기]

아래는 DART에서 유한양행의 재무상태표를 발췌한 내용이다.

재무상태표

제 100 기   2022.12.31 현재
제 99 기   2021.12.31 현재
제 98 기   2020.12.31 현재

(단위 : 원)

	제 100 기	제 99 기	제 98 기
자산			
유동자산	1,005,088,508,874	1,053,161,630,365	1,082,161,956,094
현금및현금성자산	251,067,089,393	231,755,663,503	331,196,454,453
단기금융상품	7,366,301,658	2,012,465,187	1,938,654,287
단기투자자산	26,589,623,352	135,768,875,930	80,124,535,540
매출채권	489,253,665,953	455,330,227,693	436,846,766,246
미수금	10,100,645,886	10,962,416,297	20,185,916,690
재고자산	166,753,129,596	172,784,062,342	169,160,987,756
선급금	19,677,320,219	19,993,845,512	23,184,348,262
선급비용	2,728,481,611	1,801,889,241	1,919,045,866
보증금	14,519,859,000	7,101,646,933	6,673,000,000
기타유동자산	17,032,392,206	15,650,537,727	10,932,246,994
비유동자산	1,269,393,825,490	1,148,356,625,887	1,057,717,637,708
장기금융상품	18,000,000	18,000,000	18,000,000
장기투자자산	78,977,599,757	123,809,909,189	199,159,710,658
종속기업과 관계기업 및 공동기업투자	692,926,211,818	656,443,245,902	565,009,518,448
유형자산	230,912,906,535	227,021,142,032	183,185,149,641
투자부동산	44,005,694,742	35,268,092,551	38,637,936,342
무형자산	120,835,450,091	87,198,862,289	56,549,001,647
이연법인세자산	16,066,406,077		
장기보증금	11,240,102,500	15,116,842,500	12,095,436,000
기타비유동자산	73,731,453,980	3,480,531,424	2,968,025,072
자산총계	2,274,482,334,364	2,201,518,256,252	2,139,879,593,802
부채			
유동부채	311,007,969,168	313,392,758,769	303,262,661,163
매입채무	120,167,930,818	134,891,056,292	120,517,248,697
미지급금	32,259,161,462	33,309,993,167	49,788,624,547
미지급비용	2,376,370,908	757,674,403	1,625,522,435
미지급법인세	25,693,286,162	36,283,210,403	28,465,626,138
예수금	18,391,506,796	20,084,407,181	24,857,795,224
예수보증금	9,121,100,000	9,994,770,000	11,923,470,000

	제 100 기	제 99 기	제 98 기
선수금	50,168,003,633	35,524,596,873	41,088,828,717
유동반품충당부채	30,219,434,473	30,456,138,716	21,261,208,236
기타유동부채	21,877,254,127	11,100,165,484	2,427,238,825
기타유동금융부채	733,920,789	990,746,250	1,307,098,344
비유동부채	22,626,596,022	37,147,155,200	86,249,788,970
순확정급여부채		12,637,998,642	49,012,027,288
반품충당부채	8,463,924,733	5,391,232,727	3,981,924,463
기타충당부채	13,633,429,698	10,427,322,911	10,547,432,579
이연법인세부채		7,910,758,859	21,276,623,710
장기예수보증금	280,000,000	224,000,000	238,500,000
기타비유동금융부채	249,241,591	555,842,061	1,193,280,930
부채총계	333,634,565,190	350,539,913,969	389,512,450,133
자본			
자본금	74,412,416,000	71,153,899,000	68,037,750,000
보통주자본금	73,231,476,000	69,972,959,000	66,856,810,000
우선주자본금	1,180,940,000	1,180,940,000	1,180,940,000
기타불입자본	(106,183,815,099)	(86,404,112,934)	(66,789,518,704)
이익잉여금	1,866,130,486,871	1,730,199,134,125	1,610,750,466,322
기타자본구성요소	106,488,681,402	136,029,422,092	138,368,446,051
자본총계	1,940,847,769,174	1,850,978,342,283	1,750,367,143,669
부채및자본총계	2,274,482,334,364	2,201,518,256,252	2,139,879,593,802

위의 재무상태표를 붙여넣기 해서 ChatGPT에게 5문장으로 요약한 결과는 다음과 같다.

🌐 KSW GPT4

- 이 회사의 총 자산은 지난 3년 동안 점차 증가하였으며, 제98기에 비해 제100기에서는 약 3.3% 상승한 2,472조 원으로 나타났습니다.
- 유동자산 중에서는 '현금 및 현금성 자산'과 '매출채권'이 가장 큰 비중을 차지하며, 이 두 항목 모두 제98기 대비 제100기에서 증가한 것으로 보입니다.
- 부채의 경우에도 마찬가지로 지속적인 증가 추세를 보이고 있으며, 특히 유동부채의 증가율이 높아 보입니다. 그러나 비유동부채는 제99기 대비 제100기에서 감소하였습니다.
- 자본 부분에서는 이익잉여금이 가장 큰 비중을 차지하고 있으며, 이익잉여금은 지속적으로 증가하는 추세를 보여주고 있습니다.
- 전체적으로 볼 때, 이 회사의 재무 상태는 안정적인 성장을 보이고 있는 것으로 해석됩니다.

지난 기수에 비교한 총 자산의 상승률과 유동자산의 증가, 이익잉여금의 증가 등을 근거로 들어서, 유한양행의 재무 상태를 안정적인 것으로 평가했다.

그럼 ChatGPT에게 좀 더 자세한 각 항목별 분석을 지시해 보겠다.

기입의 현금 확보 능력을 판단하는 안정성 분석에서는, 당좌비율, 유동
비율, 부채비율을 참고하면 된다.

분석하고 싶은 기업의 재무상태표를 복사하여, 아래와 같이 프롬프트를
구성해 보겠다.

> 심호흡을 하고 아래의 문제를 단계적으로 풀어보자.
> 아래의 재무상태표에서 당좌비율, 유동비율, 부채비율, 재무안정성을 각 기수별
> 로 0~5(0 : 부정, 5 : 긍정)로 평가하여 표로 만들어줘.
> <shift-Enter>
> 재무상태표 복사한 내용 붙여넣기

● 재무상태표 예시

(단위 : 원)

	제 59 기	제 58 기	제 57 기
자산			
유동자산	1,208,524,614,820	1,088,691,509,295	1,074,436,085,893
현금및현금성자산	127,900,573,250	157,475,655,585	321,541,825,344
단기금융상품	373,268,300,000	244,527,972,819	237,162,185,828
기타금융자산	78,381,000,000	154,366,669,235	35,638,900,000
매출채권	279,227,304,177	224,004,447,811	211,492,570,419
기타채권	16,817,696,580	14,746,230,687	17,326,391,197
재고자산	296,880,553,453	256,007,782,597	228,410,803,287
기타유동자산	28,523,638,001	33,298,842,620	22,044,512,474
당기법인세자산	7,525,476,853	4,119,288,466	818,897,344
매출채권	72,506	144,619,475	
비유동자산	1,826,193,920,727	1,811,216,284,505	1,651,092,098,735
장기금융상품	8,500,000	8,500,000	8,500,000
기타채권	8,409,066,690	7,761,795,915	10,863,552,344
기타금융자산	72,461,501,327	70,643,612,762	66,191,941,366
관계기업투자	2,051,863,838	2,504,869,234	3,228,707,764
퇴직급여자산	43,376,311,737	14,435,175,665	6,385,169,601
유형자산	1,527,290,891,976	1,427,516,995,561	1,271,413,955,199
사용권자산	48,753,089,120	47,365,411,580	47,336,989,710
무형자산	44,791,410,542	44,135,476,088	44,809,340,781
투자부동산	65,678,580,195	182,857,620,134	187,260,774,004
기타비유동자산	36,695,079	86,084,813	122,722,861
이연법인세자산	11,336,401,083	13,800,748,172	12,181,535,223
자산총계	3,034,718,535,547	2,899,907,793,800	2,725,528,184,628
부채			
유동부채	616,485,543,701	537,328,993,494	522,145,640,326
매입채무	320,695,304,956	282,860,227,539	275,145,189,233
기타채무	198,397,828,103	189,290,317,188	177,682,896,763
계약부채	18,007,100,003	15,571,372,240	9,119,187,918
차입금	20,954,977,206	3,868,945,057	3,313,086,305
리스부채	9,050,753,588	8,070,226,390	9,073,383,140
당기법인세부채	17,731,450,648	9,625,454,682	22,603,859,025
환불부채	7,157,382,649	6,970,865,636	7,500,474,343
매출부채	353,177,258	490,173,184	
기타유동부채	24,137,569,290	20,561,411,578	17,707,563,599
비유동부채	102,892,813,182	161,811,514,779	154,418,556,333
장기차입금	20,354,830,698	82,215,490,675	68,269,577,500
기타채무	3,685,075,576	2,802,135,989	6,413,097,406
리스부채	13,878,612,611	11,617,125,814	13,039,130,970
퇴직급여부채	1,229,599,766	1,132,755,110	1,012,814,066
이연법인세부채	45,088,529,984	41,700,711,533	38,589,075,244
기타장기종업원급여부채	18,320,113,426	22,342,989,303	26,844,157,544
기타비유동부채	336,051,121	306,355	250,703,603
부채총계	719,378,356,883	699,140,508,273	676,564,196,659
자본			
지배기업 소유주지분	2,304,167,408,738	2,184,549,651,232	2,033,928,056,554
자본금	30,413,210,000	30,413,210,000	30,413,210,000
주식발행초과금	123,720,854,309	123,720,854,309	123,720,854,309
기타자본항목	(47,435,994,330)	(52,696,408,458)	(120,936,369,029)
이익잉여금	2,197,469,338,759	2,083,111,995,381	2,000,730,361,274
비지배지분	11,172,769,926	16,217,634,295	15,035,931,415
자본총계	2,315,340,178,664	2,200,767,285,527	2,048,963,987,969
부채와 자본총계	3,034,718,535,547	2,899,907,793,800	2,725,528,184,628

먼저, 재무안정성을 확인하는 지표인 당좌비율, 유동비율, 부채비율에 대해 각 기수별로 계산해 준다.

KSW GPT4

먼저, 각 비율을 계산해보겠습니다.

1. 당좌비율(Current Ratio) = (현금 + 단기금융상품 + 매출채권) / 유동부채
2. 유동비율(Quick Ratio) = 유동자산 / 유동부채
3. 부채비율(Debt Ratio) = 총부채 / 총자본

제 59 기:
- 당좌비율 = (127,900,573,250 + 373,268,300,000 + 279,227,304,177) / 616,485,543,701 ≈ 1.27
- 유동비율 = 1,208,524614820 / 616485543701 ≈ 1.96
- 부채비율 = 719378356883 / 2315340178664 ≈ 0.31

제58기:
- 당좌비율 = (157475655585+244527972819+224004447811)/537328993494≈1.17
- 유동비율=1088691509295/537328993494≈2.03
- 부채비율=699140508273/2200767285527≈0.32

제57기:
- 당좌비율=(321541825344+237162185828+211492570419)/522145640326≈1.47
- 유동비율=1074436085893/522145640326≈2.06
- 부채비율=676564196659/2048963987969≈0.33

계산한 결과를 바탕으로, 0~5의 수치로 재무의 안정성을 평가한다. 0에 가까울수록 부정, 5에 가까울수록 긍정인 것으로 지시했기 때문에, 0~5 사이의 숫자로 재무안정성을 나타낸다. 만약 더 자세한 수치를 원한다면, 프롬프트에서 숫자의 범위를 바꿔볼 수 있을 것이다.

재무안정성에 대한 평가는 주관적인 요소가 많이 들어갑니다만 위의 비중들을 바탕으로 아래와 같이 가정하겠습니다.

당장 지불해야 할 채무를 재무상태에서 확인할 수 있는 가장 현금다량으로 감당 가능한 정도로 보면,

당조지수가

- 0~0.5 : 재무악화(0)
- 0.5~1 : 약간의 재무위험(2)
- 1~2 : 안정적인 상태 (4)
- 2 이상 : 매우 안정적임 (5)

이라고 평가하면 아래와 같은 표를 만들 수 있습니다.

기수	당조지수	유동지수	부착지수	재무안정성
제 59 기	1.27 (4)	1.96 (4)	0.31 (5)	4
제 58 기	1.17 (4)	2.03 (5)	0.32 (5)	4
제57기	1.47(4)	2.06(5)	0.33(5)	4

위의 평가는 일반적인 가정에 근거한 것이므로, 특정 업종이나 시장 상황에 따라 달라질 수 있음을 유의하시기 바랍니다.

위의 답변에서 당좌비율, 유동비율, 부채비율의 수치에 따라 재무 악화(0)~매우 안정적임(5)으로 분류하고 있다. 따라서 해당 비율이 높으면 5에 가깝도록 재무안정성을 평가하고 있다.

위 답변에서 약간의 오타를 수정하여, 재무상태표 분석의 참고자료로 활용할 수 있다.

1-8 ChatGPT 회계 감사

2014년 10월 20일, 높은 성장세를 보였던 모뉴엘은 돌연 법정관리를 신청했다. 해당 회사의 분식 회계가 수면 위로 떠올랐다. 이 기업은 사상 최대 규모인 1조원이 넘는 외상거래를 통해 매출을 부풀렸다. 이는 금융사의 허술한 심사와 재무제표 조작, 그리고 회사 내부의 투명성 부족 등이 복합적으로 작용한 결과였다.

관세청에 따르면 박홍석(구속) 모뉴엘 대표 등은 2007년 미국에 수출된 HTPC가 대량 반품돼 회사 자금 사정이 어려워지자 범행을 모의했다. 반품된 불량품을 정상 물품인 것처럼 꾸며 허위 수출한 것이 범행의 시작이었다. 모뉴엘은 매출채권 거래, 즉 외상 거래를 통해 급성장했다. 이는 제품을 총판업체에 판매하고 대금을 받는 대신 매출채권을 받아, 이를 은행에 할인 매각해 현금을 조달하는 방식으로 이루어졌다. 이러한 방식은 사실상 대출과 같은 유동화 방식인 '매출채권 팩토링'이라고 불린다.

이제 ChatGPT에게 재무제표에서 이상징후 탐지를 요청하고자 한다. ChatGPT가 우리를 위해 재무상 이상징후 탐지에 도움을 줄 수 있는지 확인해보자.

ChatGPT를 활용한 분식 회계 탐지

다음은 전자공시 사이트(전자공시시스템 (fss.or.kr))의 모뉴엘의 10기(2013년) 감사 보고서에서 발췌한 내용이다. 앞에서 모뉴엘이 법정관리 신청한 것이 2014년 10월이므로, 그전에 공시된 재무제표를 선택한 것이다.

재무제표를 감사한 회계법인은 해당 내용이 적정하게 표기되어 있다고 적고 있다.

외부감사인의 감사보고서

주식회사 모뉴엘
주주 및 이사회 귀중   2014년 3월 21일

본 감사인은 첨부된 주식회사 모뉴엘의 2013년 12월 31일과 2012년 12월 31일 현재의 재무상태와 동일로 종료되는 양 회계연도의 손익계산서, 자본변동표 및 현금흐름표를 감사하였습니다. 이 재무제표를 작성할 책임은 회사 경영자에게 있으며 본 감사인의 책임은 동 재무제표에 대하여 감사를 실시하고 이를 근거로 이 재무제표에 대하여 의견을 표명하는데 있습니다.

..... (중략)

> 본 감사인의 의견으로는 상기 재무제표가 주식회사 모뉴엘의 2013년과 2012년 12월 31일 현재의 재무상태와 동일로 종료되는 양 회계연도의 재무성과 및 현금흐름의 내용을 일반기업회계기준에 따라 중요성의 관점에서 적정하게 표시하고 있습니다.

서울특별시 강남구 강남대로 330(역삼동)
참 회 계 법 인
대 표 이 사   김   경

해당 재무제표에서 현금흐름표 내용으로 ChatGPT에게 이상한 점이 있는지를 확인해 보겠다. 아래의 프롬프트를 OpenAI 사이트에서 ChatGPT-3.5와 뤼튼에서 PaLM2를 이용하여 결과를 확인했다.

회계 감사자로서 다음의 재무제표에서 이상한 점을 파악하고 판단 근거를 얘기해 줘 :
<shift-Enter>
[모뉴엘/감사보고서/2014.04.07 (fss.or.kr)에서 현금흐름표 복사]

<현금 흐름표 발췌>

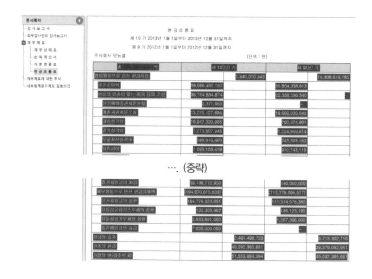

…. (중략)

● OpenAI GPT-3.5 결과

ChatGPT
재무제표를 확인해 보니 몇 가지 이상한 점이 보입니다. 주요 이슈들을 살펴볼까요?

1. **영업활동으로 인한 현금흐름과 당기순이익 차이:**
   - 당기순이익은 전년도 대비 상당히 높지만, 영업활동으로 인한 현금흐름은 그에 비해 매우 낮습니다. 이는 현금과 이익 사이에 큰 간극이 있음을 시사할 수 있습니다.
2. **매출채권처분손실과 재고자산평가손실 증가:**
   - 전년도에 비해 매출채권처분손실과 재고자산평가손실이 상당히 증가했습니다. 이는 회사가 부실한 채권을 처리하거나 재고 자산을 과대평가했을 가능성을 시사할 수 있습니다.
3. **퇴직급여와 이에 따른 퇴직급여 부채 증가:**
   - 퇴직급여와 퇴직급여 부채가 증가했는데, 이는 장기적으로 회사가 직원에 대한 부담을 더 크게 갖고 있다는 것을 보여줍니다.
4. **영업활동으로 인한 자산부채의 변동과 관련하여 재고자산의 증가:**
   - 재고자산이 크게 증가했지만, 이는 오히려 현금 흐름을 줄이는 요소로 작용하고 있습니다.
5. **투자활동과 재무활동의 현금유입과 유출 차이:**
   - 투자활동과 재무활동의 현금 유입과 유출 간 차이가 큽니다. 이로 인해 현금의 증가가 있었지만, 그 배경에 대한 설명이 필요합니다.

이러한 이슈들은 재무제표의 각 항목이 회사의 경영 상태에 어떤 영향을 미치는지 분석하고, 이러한 변화가 어떤 요인에서 비롯되었는지 이해할 필요가 있습니다. 회사가 향후 계획이나 조치에 대한 설명이 있다면 이러한 숫자들을 더 잘 이해할 수 있을 것입니다.

ChatGPT는 당기순이익과 영업현금흐름의 차이를 지적하고 있다. '당기순이익'은 이익이 난 금액, '영업현금흐름'은 실제로 들어온 금액을 말한다. 회계의 영역에서는 '이익은 주장이고, 현금은 사실이다' 라는 얘기가 있다.

일반적으로 정상적인 회사의 재무제표에서는 두 금액이 차이가 크지 않다. 쉽게 얘기하자면 '돈을 벌었다고 주장하는 금액(당기순이익)'과 '실제로 받은 금액(영업현금흐름)'이 차이가 있다는 얘기이다. 모뉴엘의 경우, 돈을 당기순이익(599.7억 원) 만큼 많이 벌었다고 얘기하지만, 실제로 회사 통장에 입금된 금액은 영업현금흐름(15.4억 원) 정도라는 얘기이다.

- 뤼튼의 PaLM2 결과

재무제표를 확인해보니, 매출채권의 증가와 매출채권처분손실이 큰 것으로 보입니다. 매출채권은 매출이 발생한 후 대금을 받지 못한 금액을 의미합니다. 매출채권의 증가는 매출채권이 많이 발생했다는 뜻이고, 매출채권처분손실은 매출채권을 처분하면서 손실이 발생했다는 뜻입니다. 매출채권의 증가와 매출채권처분손실이 큰 것은 매출채권 관리가 잘못되고 있다는 것을 의미합니다. 매출채권 관리가 잘못되면 매출채권이 회수되지 않아서 기업의 자금 흐름에 문제가 생길 수 있습니다.

또한, 재고자산의 증가와 재고자산평가손실이 큰 것으로 보입니다. 재고자산은 판매할 목적으로 보유하고 있는 상품이나 원재료 등을 의미합니다. 재고자산의 증가는 재고자산이 많이 보유하고 있다는 뜻이고, 재고자산평가손실은 재고자산을 평가하면서 손실이 발생했다는 뜻입니다. 재고자산의 증가와 재고자산평가손실이 큰 것은 재고자산 관리가 잘못되고 있다는 것을 의미합니다. 재고자산 관리가 잘못되면 재고자산이 쌓여서 기업의 자금 흐름에 문제가 생길 수 있습니다.

따라서, 재무제표를 분석해보면 매출채권과 재고자산 관리가 잘못되고 있다는 것을 알 수 있습니다. 매출채권과 재고자산 관리가 잘못되면 기업의 자금 흐름에 문제가 생길 수 있으므로, 기업은 매출채권과 재고자산 관리를 잘해야 합니다.

뤼튼의 PaLM2는 매출채권의 증가와 매출채권처분손실의 증가를 지적하고 있다. 매출채권은 물건을 팔고 받기로 한 돈을 얘기한다. 쉽게 얘기하자면 '외상'이다. 현금을 받지 못하고 외상으로 판 물건이 많다는 것을 의미한다. 그리고 매출채권처분손실은 해당 외상을 이제는 더 받을 수 없다고 판단하고 손실로 평가한 것이다.

이와 같이 ChatGPT와 같이 회계 분야를 학습한 생성형 AI는 재무제표에서 분식회계 가능성이 있는 부분을 전문가적인 관점에서 찾아주기 시작했다. 기본 회계 지식으로 적당한 프롬프트를 작성하여 ChatGPT에 분식회계 탐지와 같은 전문적인 재무제표 분석을 수행할 수 있다.

1-9 ChatGPT 투자 분석

주식 투자를 위해 재무제표를 분석하는 것은 매우 중요한 부분이다. 재무제표는 기업의 재무 상태, 영업 성과, 성장 가능성 등에 대한 중요한 정보를 제공한다.

재무제표 분석에서 투자와 관련해서 확인해야 할 주요 요소는 다음과 같다. 구체적인 계산은 ChatGPT에 문의할 수 있다. 다만, 투자를 위해 분석해야 할 지표(안정성, 수익성, 성장성, 효율성)가 어떤 것이 있는지는 기억하고 있어야 한다.

○ 안정성

기업의 안정성은 기업이 재무적 위기를 겪지 않고 지속적으로 영업활동을 유지할 수 있는 능력을 의미한다. 이는 기업의 장기적인 생존 가능성과 성장 가능성을 보여주는 중요한 지표로 여겨진다.

재무제표를 통해 기업의 안정성을 확인하는 방법 중 하나는 '부채비율'을 살펴보는 것이다. 부채비율은 기업이 가지고 있는 자산과 갚아야 할 부채의 비율을 얘기한다. 수식으로는 총부채를 총자산으로 나눈 값으로, 이 값이 낮을수록 기업의 재무안정성이 높다고 판단할 수 있다. 수식으로 표현하면 다음과 같다.

부채비율 = 총부채 / 총자산 x 100(%)

부채비율이 장기적인 재무안정성을 살피는 지표라면, 유동비율은 1년을 기준으로 재무안정성을 살피는 지표이다. 이는 1년 안에 갚아야 하는 유동부채에 비해서 1년 안에 현금화 가능한 유동자산이 얼마나 되는지를 보여준다. 유동비율은 유동자산을 유동부채로 나눈 값으로 높을수록 안정적이라 할 수 있다. 이 값이 100% 이상일 경우 기업이 단기 부채를 상환하는데 어려움이 없다고 판단할 수 있다. 수식으로 표현하면 다음과 같다.

유동비율 = 유동자산 / 유동부채 x 100(%)

○ 수익성

기업의 수익성은 기업이 매출액 대비 어느 정도의 이익을 창출하는지를 평가하는 지표이다.

기업의 수익성을 평가하는 대표적인 지표로는 다음과 같은 것들이 있다.

매출액 순이익률 : 매출액 대비 순이익의 비율

매출액 순이익률(%) = (순이익 / 매출액) x 100

영업이익률 : 매출액 대비 영업이익의 비율

영업이익률(%) = (영업이익 / 매출액) x 100

총자산순이익률(ROA) : 총자산 대비 순이익의 비율

ROA = (순이익 / 총자산) x 100

자기자본이익률(ROE) : 자기자본 대비 순이익의 비율

ROE = (순이익 / 자기자본) x 100

기업의 수익성은 위의 지표들을 종합적으로 한다. 그리고 기업의 수익성은 시간이 지남에 따라 변화할 수 있으므로, 주기적으로 재무제표를 분석하고 평가하는 것이 중요하다.

○ 성장성

기업의 성장성은 기업이 얼마나 지속적으로 성장하고 있는지를 나타내는 지표이다. 이는 기업의 미래 가치를 평가하고, 투자자가 투자 결정을 내리는 데 중요한 요소로 작용한다. 재무제표를 통해 기업의 성장성을 확인하는 방법 중 대표적인 것은 '매출액 성장률'과 '주당순이익(EPS) 성장률'이다.

매출액 성장률은 전년도 대비 현재 연도의 매출액 증가분을 나타내는 지표로, 이 값이 높을수록 기업의 성장성이 높다고 판단할 수 있다. 수식으로 표현하면 다음과 같다.

매출액 성장률 = (현재 연도 매출액 - 전년도 매출액) / 전년도 매출액 x 100(%)

EPS 성장률은 전년도 대비 현재 연도의 주당순이익 증가분을 나타내는 지표로, 수식으로 표현하면 다음과 같다.

EPS 성장률 = (현재 연도 EPS - 전년도 EPS) / 전년도 EPS x 100(%)

○ 효율성

기업의 효율성은 기업이 보유한 자원을 효율적으로 활용하여 경영성과를 극대화하는 능력을 평가하는 지표이다. 기업의 효율성을 평가하는 대표적인 지표로는 다음과 같은 것들이 있다.

총자산회전율 : 총자산 대비 매출액의 비율. 투자된 자산의 운용 효율성.

총자산회전율(회) = (매출액 / 평균총자산)

재고자산회전율 : 재고자산 대비 매출액의 비율. 상품 판매 활성화 지표.

재고자산회전율(회) = (매출원가 / 평균재고자산)

고정자산회전율 : 고정자산 대비 매출액의 비율. 생산장비, 부동산 등 자산의 운용 효율성.

고정자산회전율(회) = (매출액 / 평균고정자산)

위의 수식에서 매출액은 해당 연도의 매출액을, 총자산은 해당 연도의 자산총계를 의미한다.

ChatGPT에 분석 요청하기

ChatGPT에 투자자 관점의 재무제표 분석을 요청하여 테스트하기 위해, 저자가 직접 투자를 했던 2개의 종목을 선정했다. 하나는 수익을 냈던 종목이고, 다른 하나는 손실이 있었던 종목이다. 입력하는 재무제표는 저자가 투자했던 시점에 공시된 재무제표를 기준으로 했다.

먼저 수익을 낸 종목에 대한 ChatGPT의 분석을 살펴보겠다.

1) 더존비즈온

더존비즈온은 2014년 클라우드에 대한 전망으로 2014년 하반기에 투자를 결정한 종목이다. 국내 클라우드 기업이 많지 않은 상황에서 선도적으로 시장을 개척하는 기업 이미지가 크게 작용했다. 아래의 그래프는 투자결과를 블로그에 정리한 그래프이다.

출처 : https://time-investor.tistory.com/91

해당 종목에는 2014년 하반기에서 2018년 2월까지 1차 투자하여 약 300%의 수익, 그리고 2019년 약간의 반등을 이용한 투자로 10% 가량의 수익이 있었다. 당시 재무제표에 대한 분석은 저자가 직접 수행했는데, 이를 ChatGPT를 이용해 보겠다.

분석은 ChatGPT(뤼튼의 GPT-4 이용)에 다음과 같은 프롬프트를 사용하였다. (참고 : 최근 뤼튼은 프롬프트 최대 길이를 줄여, 세 가지 재무제표를 한번에 첨부할 수 없다. 그 경우는 재무상태표와 손익계산서, 두 가지로 줄일 수 있다.) 그리고, 그 결과로 ChatGPT는 투자가능성(투자 전망)을 5점으로 평가하고 있다.

> 투자자로서 다음의 재무제표를 분석하여,
> 회사의 성장성, 안정성, 효율성, 수익성을 0~5(0 : 부정, 5 : 긍정)을 평가하고,
> 투자 가능성을 0~5(0 : 부정, 5 : 긍정)으로 얘기해 줘. :
> <shift-Enter>
> (더존비즈온/사업보고서/2016.05.16 (fss.or.kr) 에서 재무상태표, 손익계산서, 현금흐름표 복사)

KSW GPT4

회사의 재무제표를 분석하여 성장성, 안정성, 효율성, 수익성 및 투자 가능성을 평가해보겠습니다.

1. 성장성:
매출액이 제37기에서 제38기로 5.2% 증가하였고, 제38기에서 제39기로는 15.7% 증가하였습니다. 또한 당기순이익은 제37기에서 제38기로는 -20.4% 감소하였지만, 제38기에서 제39기로는 98% 크게 증가하였습니다. 이를 바탕으로 회사의 성장력을 판단할 때 회사의 매출과 이익이 꾸준히 상승하는 추세를 보여주므로 성장성은 긍정적으로 평가됩니다.
점수: 4

2. 안정성:
부채비율(부채/자본)을 보면, 제37 기는 약 113%, 제38 기는 약 79%, 그리고 최근인 제39 기에는 약 61%입니다. 부채비율이 감소하는 추세를 보여주므로 회사의 재무 안정성은 긍정적으로 평가됩니다.
점수: 4

3. 효율성:
영업활동현금흐름이 꾸준히 증가하는 것으로 보아 회사의 영업 활동이 현금을 효과적으로 생성하고 있음을 나타냅니다.
점수: 4

4. 수익성:
주요 수익률 지표 중 하나인 ROE(지배주주 순이익 / 지배주주 자본)를 계산해보면, ROE = (당기 순 이익 / 자본 총계) *100 으로 계산되며,
-제37 기 ROE = (13,464,449,029 /90,142,999,027) *100 = 약15%
-제38 기 ROE = (10,777909659 /117113121139)*100 = 약9%
-제39 기 ROE = (21,374147169/131884954731)*100=약16% 따라서 이 회사의 수익률은 상당히 높은 편입니다. 수익성을 평가할 때 이 회사는 매우 긍정적으로 평가됩니다.
점수: 5

투자 가능성:
성장성, 안정성, 효율성, 수익성 모두에서 긍정적인 결과를 보여주고 있습니다. 이러한 결과를 바탕으로 볼 때 이 회사에 대한 투자 가능성은 높다고 판단됩니다.
점수: 5

이 분석은 제공된 재무제표의 정보만을 바탕으로 한 것이며, 실제 투자 결정을 하기 전에는 회사의 사업 모델, 경쟁 상황, 시장 조건 등 다양한 요소를 고려해야 합니다.

가독성을 위해서 위의 내용을 표로 정리해 달라고 요청했다.

위의 내용에서 각 항목에 대한 점수와 평가근거를 표로 만들어 줘.

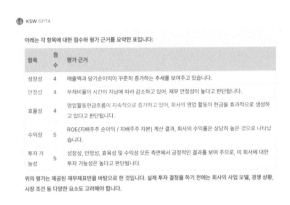

다음으로 손실이 있었던 종목에 대한 평가를 보겠다.

2) 대한해운

대한해운에 대한 투자는 졸속으로 결정하게 되었다. 이익증가율이 최대라는 신문기사를 보고 급하게 선택하게 되었다. 성급한 판단의 결과는 약 14% 정도의 손실로 이어졌다.

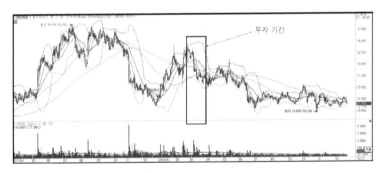

출처 : https://time-investor.tistory.com/72

이에 대해서 동일하게 ChatGPT에 분석을 요청해 보겠다.

투자자로서 다음의 재무제표를 분석하여,
회사의 성장성, 안정성, 효율성, 수익성을 0~5(0 : 부정, 5 : 긍정)을 평가하고,
종합적인 판단으로 투자 가능성을 0~5(0 : 부정, 5 : 긍정)으로 얘기해 줘. :
<shift-Enter>
(대한해운/분기보고서/2017.11.14 (fss.or.kr)에서 재무상태표, 손익계산서, 현금
흐름표 복사)

🌐 KSW GPT4

이 재무제표를 분석한 결과는 다음과 같습니다:

1. 성장성: 4
회사의 매출액은 제50기 3분기에 비해 제51기 3분기에서 크게 증가하였습니다. 또한, 당기순이익도 상당히 증가하
였습니다. 이러한 결과는 회사의 성장성이 높다는 것을 나타냅니다.

2. 안정성: 2
부채비율(부채/자본)이 약간 증가하였으며, 이는 일반적으로 기업의 재무 위험이 증가하고 있다는 것을 나타냅니다.
그러나 현금 및 현금성 자산도 증가하여 단기적인 유동성 문제는 없어 보입니다.

3. 효율성: 3
매출원가와 판매비와 관리비를 보면, 매출액 대비 비용의 비율은 거의 일정합니다. 이것은 회사가 효율적으로 운영되
고 있음을 의미합니다.

4. 수익성: 4
영업이익과 당기순이익 모두 상당히 증가하였습니다. 이것은 회사의 수익성이 좋다는 것을 나타내며, 향후에도 계속
된 성장 가능성을 시사합니다.

5. 투자 가능성: 3
전반적으로 볼 때, 이 회사는 확실히 성장하는 경향이 있지만 부채 수준도 상당히 높아져서 약간의 위험이 따르고 있습
니다.

위 분석은 간략한 개요일 뿐, 실제 투자 결정을 하시려면 보다 깊은 분석과 외부 환경 등 여러 요인들을 고려해야 합니
다.

ChatGPT는 순이익의 증가에 대해서는 좋은 평가를 주었으나, 안정성
부분에 있어서 의문을 제기하고 있다. 전체적인 평가는 3점으로 냉정하게
분석하고 있다. ChatGPT가 있었으면 당시 손실을 피할 수도 있었을 것
같다.

이를 표로 정리하면 다음과 같다.

위의 내용에서 각 항목에 대한 점수와 평가근거를 표로 만들어 줘.

아래는 요청하신 내용을 표로 정리한 것입니다:

항목	점수	평가 근거
성장성	4	매출액과 당기순이익이 크게 증가하였습니다. 이는 회사의 성장성이 높다는 것을 나타냅니다.
안정성	2	부채비율(부채/자본)이 약간 증가하였으나, 현금 및 현금성 자산도 증가하여 단기적인 유동성 문제는 없어 보입니다. 그러나 장기적인 안정성에 대해서는 주의를 기울여야 합니다.
효율성	3	매출원가와 판매비와 관리비를 보면, 매출액 대비 비용의 비율은 거의 일정합니다. 이것은 회사가 효율적으로 운영되고 있음을 의미합니다.
수익성	4	영업이익과 당기순이익 모두 상당히 증가하였습니다. 이것은 회사의 수익성이 좋다는 것을 나타내며, 향후에도 계속될 성장 가능성을 시사합니다.
투자 가능성	3	전반적으로 볼 때, 이 회사는 확실히 성장하는 경향이 있지만 부채 수준도 상당히 높아져서 약간의 위험이 따르고 있습니다.

위 평가는 간략한 개요일 뿐으로 실제 투자 결정 시에 보다 깊은 분석과 외부 환경 등 여러 요인들을 고려해야 합니다.

해당 종목에 대해서는 빠른 손절매로 추가 손실은 막을 수 있었다. 해당 종목은 이후 20% 정도의 추가 하락이 있었다.

이상과 같이 ChatGPT는 재무제표에 대한 지식을 갖추고 있어서 이에 대한 분석을 요청할 수 있다. 그런데, 주식 투자에 있어서 재무제표 분석은 중요하지만, 고려해야 할 유일한 요소는 아니다. 산업, 성생 환경, 경영 품질, 성장 잠재력, 경제 상황 및 시장 전반적인 추세도 고려해야 한다.

일부 투자자는 재무제표 분석을 포함한 펀더멘털 분석에 의존하는 반면, 다른 사람들은 기술적 분석(차트 및 시장 지표 사용)도 고려한다. 가장 좋은 접근 방법은 투자 목표, 위험 허용 정도 및 투자 가능한 여유 자금과 시간에 따라 조정된 펀더멘털과 기술적 분석의 결합이다.

2-1 ChatGPT 기업 도입 방법 : RAG, Fine-Tuning, Pre-training

기업에서 생성형 AI를 도입하는 방법으로는 RAG, Fine-Tuning, Pre-training이 있다. 각각에 대해 간략하게 살펴보겠다.

○ RAG (Retrieval–Augmented Generation) : 조회 기반 생성

RAG는 질의에 대한 답변을 생성하기 위해 먼저 많은 양의 데이터에서 관련 정보를 검색하고, 그 정보를 바탕으로 답변을 생성하는 방식이다. 이는 ChatGPT가 추가적으로 주어진 정보를 활용하여 질의에 정확한 답변을 생성하는 데 도움이 된다.

● 조회 기반 생성(RAG : Retrieval–Augmented Generation)

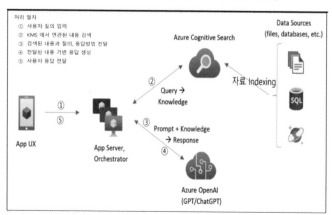

Azure Cognitive Search(Azure AI Search, 벡터 데이터베이스의 일종)를
사용한 KMS(Knowledge Management System, 지식 관리 시스템)

출처 : https://github.com/Azure-Samples/azure-search-openai-demo

이때, 질의에 관련된 정보는 회사에 축적된 다양한 데이터 소스에서 가져오게 된다. 질의에 맞는 답변 검색에는 문서를 '임베딩(embedding)'하여 수치화한 벡터가 사용된다. 임베딩된 벡터를 저장하는 데이터베이스에서 입력된 질문에 가장 근접한 데이터를 추출하여 답변 생성에 사용한다. 이처럼 제공된 문맥(Conxtext)에서 답변을 생성하기 때문에, 이를 '문맥 학습(ICL : In-Context Learning)'이라 부르기도 한다.

RAG 방식의 가장 큰 장점은 검색한 정보와 적당한 프롬프트의 결합을 통해 생성형 AI의 '할루시네이션(Hallucination)' 현상을 최소화한 답변을 제공할 수 있다는 점이다.

○ Fine-Tuning

Fine-Tuning은 사전 훈련된 모델을 특정 작업에 맞게 조정하는 방법이다.

● Fine-tuning

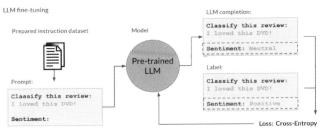

출처 : Deeplearning.ai

이는 기존에 학습된 모델을 사용하여 새로운 작업에 대한 학습 시간을 줄이고, 더 나은 성능을 얻는 데 도움이 된다. 기업에서는 자신들의 비즈니스에 맞는 데이터를 사용하여 모델을 미세 조정하면, 효율적이고 정확한 AI 솔루션을 구현할 수 있다.

- LLaMA 모델을 ChatGPT 데이터로 파인 튜닝한 Alpaca

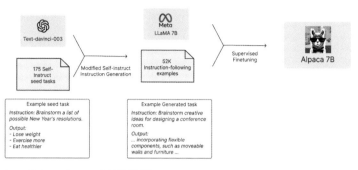

출처 : https://crfm.stanford.edu/2023/03/13/alpaca.html

2023년 3월 19일 스탠포드 대학은 ChatGPT와 유사한 인공지능 알파카(Alpaca) 모델을 공개했다. 스탠포드 대학은 메타(이전 페이스북)가 프리-트레이닝한 오픈소스 모델 라마(LLaMA)를 ChatGPT에서 생성한 52,000개의 답변 데이터 셋을 사용하여 파인튜닝 작업을 진행했다. LLaMA는 약 1T(Tera : 10의 12승) 토큰 규모의 인터넷 자료 크롤링(67%), 구글의 C4(Colossal Clean Crawled Corpus : 대규모 정제된 크롤링 말뭉치) 데이터 셋(15%) 등을 사용하여 Pre-training 되었다.

〈표 : LLaMA Pre-training 데이터 셋〉

Dataset	Sampling prop.	Epochs	Disk size
CommonCrawl	67.0%	1.10	3.3 TB
C4	15.0%	1.06	783 GB
Github	4.5%	0.64	328 GB
Wikipedia	4.5%	2.45	83 GB
Books	4.5%	2.23	85 GB
ArXiv	2.5%	1.06	92 GB
StackExchange	2.0%	1.03	78 GB

출처 : 2302.13971v1.pdf (arxiv.org)

알파카는 이렇게 훈련된 LLaMA 모델을 수 시간의 짧은 훈련 시간과 600백 달러(70만원 정도)의 적은 비용의 파인 튜닝 작업으로 만들어졌으며, ChatGPT에 버금가는 성능을 보였다. 다음은 ChatGPT와 알파카를 비교한 표이다.

〈표 : Alpaca와 ChatGPT 비교〉

측면	Alpaca	ChatGPT
개발 과정	• Meta의 LLaMA 7B 모델을 기반으로 구축. • GPT-3.5의 명령-출력 쌍 활용한 세밀한 조정	• GPT-3.5를 기반으로 구축. • 인간 대화 쌍을 활용하여 세밀하게 조정됨
성능	ChatGPT와 179회 비교 테스트 중 90회 우위	Alpaca와 179회 비교 테스트 중 89회 우위
개발 비용	$600 미만으로 개발되어 비용 효율적	정확한 비용은 비공개. 대규모 데이터와 리소스 필요로 함.
오픈 소스	오픈소스로 공개돼 있어 학계 및 연구자들이 이용 가능	OpenAI에 의해 소유권 보호되며 제한된 접근성
사용성	기술적 지식 및 저장 공간 필요, 사용이 복잡	계정 생성이 필요하지만 사용이 간편한 인터페이스

출처 : Alpaca vs ChatGPT : Which is Better? A Detailed Comparison (ambcrypto.com)

이와 같이 파인 튜닝은 적은 시간과 비용으로 적당한 성능의 생성형 인공지능 모델을 구축할 수 있는 경제적인 방법이다.

○ Pre-training

Pre-training은 대량의 데이터를 사용하여 모델을 처음부터 학습시키는 방법이다.

● Pre-training

LLM pre-training

TEXT [. . .]
TEXT [. . .]
TEXT [. . .]
TEXT [. . .]
TEXT [. . .]
TEXT [. . .]
TEXT [. . .]
TEXT [. . .]
TEXT [. . .]
TEXT [. . .]

Model

Pre-trained
LLM

GB - TB - PB
of unstructured textual data

출처 : Deeplearning.ai

이 방법은 모델이 광범위한 데이터에서 패턴을 학습하게 하여, 다양한 작업에 대한 일반화 성능을 향상시키는 데 도움이 된다. 사전 훈련된 모델은 Fine-Tuning을 통해 특정 작업에 맞게 조정될 수 있다. 이와 같이 Pre-training 모델은 다른 모델을 만들기 위한 기반으로 사용될 수 있기 때문에 '기반 모델(Foundation Model)'이라 부르기도 한다.

Pre-training은 다음과 같은 절차를 거쳐 이루어진다.

1. 대규모 언어 데이터 수집

대형 언어 모델(LLM : Large Language Model)을 학습시키기 위해서는 대규모 언어 데이터가 필요하다. 데이터는 인터넷에서 수집하거나, 기업 내부에서 수집할 수 있다.

2. 데이터 전처리

수집한 데이터는 전처리 과정을 거쳐야 한다. 전처리 과정에서는 데이터의 형식을 통일하고, 불필요한 데이터를 제거한다.

3. 모델 학습

전처리한 데이터를 이용하여 LLM을 학습시킨다.

4. 모델 검증

다양한 테스트 데이터를 이용하여 모델의 성능을 평가한다.

5. 모델 적용

훈련과 검증을 거친 모델을 실제 업무에 적용한다.

LLM 사전 학습법은 대규모 언어 데이터를 이용하기 때문에, 보다 정확한 모델을 개발할 수 있다. 또한, 학습한 모델을 수정하여 다양한 분야에 적용할 수 있다. 하지만, 대규모 데이터를 수집하고 처리하는 데 시간과 비용이 많이 소요되며, 훈련을 위한 다량의 GPU와 메모리 등의 대규모 연산 자원이 필요하다.

2023년 3월 30일, 미국 뉴욕에 본사를 둔 경제 뉴스 전문 서비스 업체인 블룸버그(Bloomberg)는 금융 분야 특화 초대형 언어 모델(LLM) BloombergGPT를 공개했다.

● BloombergGPT 공개

출처 : Bloombergs New INSANE BloombergGPT Takes the Industry By STORM! (NOW UNVEILED!) — YouTube

이 인공지능 모델은 500억 개의 매개변수를 가진 생성형 인공지능 모델로 블룸버그가 보유하고 있던 금융관련 대량의 데이터를 기반으로 모델을 처음부터 훈련시켰다. 훈련된 모델은 일반적인 작업에서는 ChatGPT에 버금가는 결과를 보이지만, 금융 관련 자연어 처리(NLP : Natural Language Processing)에서는 다른 모델을 뛰어넘은 뛰어난 성능을 제공한다.

〈표 : BloombergGPT 성능 비교〉

Finance-Specific	BloombergGPT	GPT-NeoX	OPT-66B	BLOOM-176B	
Financial Tasks	62.51	51.90	53.01	54.35	
Bloomberg Tasks (Sentiment Analysis)	62.47	29.23	35.76	33.39	

General-Purpose	BloombergGPT	GPT-NeoX	OPT-66B	BLOOM-176B	GPT-3
MMLU	39.18	35.95	35.99	39.13	43.9
Reading Comprehension	61.22	42.81	50.21	49.37	67.0
Linguistic Scenarios	60.63	57.18	58.59	58.26	63.4

Table 1. How BloombergGPT performs across two broad categories of NLP tasks : finance-specific and general-purpose.

출처 : https://www.bloomberg.com/company/press/bloomberggpt-50-billion-parameter-llm-tuned-finance/

블룸버그는 RAG, Fine-Tuning, 그리고 Pre-training 방법에 대한 비교 검토를 하였다. 세 가지 방법 중에 Pre-Training으로 자체 LLM을 처음부터 만드는 것이 시간과 비용이 많이 들지만, 인공지능의 출력 방식에 대한 통제력을 가지며, 훈련에 사용되는 독점 데이터 보호에 가장 효과적이라고 판단하였다. 블룸버그의 LLM 개발 전체 기간은 약 1년, 총 비용은 약 100만 달러 소요되었다. 프로젝트 최종 단계의 모델 훈련에는 53일이 걸렸다. 이 프로젝트에는 9명의 전담 직원이 참여하였다. 그중 4명은 코딩, 기계 학습 시스템 구축 및 실험 실행을 담당하였고, 나머지 5명은 LLM 사전 학습을 최적화하기 위해 문헌 검토를 수행하였다. (참조 : (10) What I learned from Bloomberg's experience of building their own LLM | LinkedIn)

이상의 세 가지 방법은 서로 보완적인 관계에 있으며, 기업이 생성형

AI를 도입할 때 고려해 볼 수 있는 중요한 방법이다.

다음은 앞의 세 가지 방법에 대한 장·단점을 표로 정리하였다.

〈표 : RAG, Fine-Tuning, Pre-Training 비교〉

측면	장점	단점
RAG	• 검색과 생성 기술 융합 • 특정 질문에 정확한 답변 생성 가능 • 최신 정보 제공 가능 • 별도의 훈련 필요 없음 　(비용, 시간 절약)	• 관련 자료 관리 필요 　(지식 관리 시스템 : KMS) • 자료 검색과 비교 방법 필요 　(벡터 데이터베이스) • 생성을 위해 검색과 비교 시간 필요
Fine-Tuning	• 기존 학습된 모델을 기반으로 법률, 　의료 등 특정 작업에 맞게 세밀하게 　조정 가능 • 상대적으로 훈련에 적은 데이터와 　시간 소요	• 초기 학습된 모델에 따라 성능 차이 　발생 • Fine-Tuning 과정에 시간 소요
Pre-training	• 원하는 형태의 기본 학습 가능 • 다양한 분야에 재사용 가능 • 특정 분야에 특화된 모델 생성	• 많은 데이터가 필요 • 수백억 이상 비용과 수개월 이상의 　오랜 시간 필요

2-2 ChatGPT 적용업무선택

ChatGPT 활용 – 업무 적용 및 적용 분야 선택

　2023년 11월 공개된 생성형 인공지능 ChatGPT는 다양한 분야에서 그 유용성을 증명하고 있다. 특히, 자연어 이해와 생성 능력을 바탕으로, 기업이나 조직의 업무 수행에 필요한 정보를 제공하고 문제 해결에 도움을 주고 있다. 특히 문서 작성, 요약, 번역 등에서 유용성을 증명하고 있다.

　이에 따라 생성형 인공지능을 업무 분야에 적용하기 위한 시도가 많아지고 있다.

　이 글에서는 ChatGPT를 업무에 활용하는 방법과 이점에 대해 소개하고자 한다. 먼저, ChatGPT의 기능과 특성을 기반으로 적합한 업무와 해당 업무에 어떻게 활용할 수 있는지에 대해 알아보겠다. 또한, RAG, Fine-Tuning 등 구체적인 적용 방법과 인공지능 모델 선택 및 팀 구성 등 구축 프로젝트를 위한 현실적인 가이드를 제시하고자 한다.

　본 가이드가 ChatGPT를 업무에 활용하는 데에 대한 이해를 높이고, 이를 적극적으로 활용하여 업무를 효율적으로 수행하는 데에 도움이 되기를 바란다.

○ **자동화**(Automation)**과 보조**(Augmentation)

업무 자동화와 업무 보조는 인공지능 기술을 업무에 적용하는 방식이다.

업무 보조(Augmentation)는 인간이 업무를 진행하면서 필요한 정보 혹은 처리를 인공지능에 맡기는 방식이다. 즉, 직접적인 업무 결정을 하지 않고, 인간의 업무를 보조하는 역할을 말한다. 예를 들어, 고객 서비스 담당자가 고객의 문의에 대한 답변을 작성할 때, ChatGPT와 같은 인공지능 챗봇이 추천하는 답변을 수정하거나 전송하는 방식이다.

반면에 자동화(Automation)는 자동으로 업무를 수행하는 것을 말한다. 예를 들어, 고객과의 대화를 자동으로 녹음하고 이를 텍스트로 변환하여 요약하는 등의 작업을 수행할 수 있다.

2023년 현재, 생성형 인공지능을 업무에 도입하는 초기 시도가 이루어지고 있다. 아직 인공지능 기술에 대한 검증이 필요하다. 이에 기업들이 인공지능을 업무에 적용함에 있어서는 업무 보조에서 시작하여 점차적으로 자동화로 전환하는 방안을 고려하고 있다. 향후 인공지능 기술의 발전과 함께 자동화 적용은 더욱 가속화될 것으로 예상된다.

○ AI **적용 대상 : 직업**(Job)**과 직무**(task)

2016년 딥러닝 분야 세계적인 석학 제프리 힌튼(Geoffrey Hinton) 교수는 토론토에서 패턴 인식과 관련된 컨퍼런스에서 X선 이미지를 판독하는 방사선 전문의(radiologist)의 종말을 자신 있게 예언했다.

"사람들은 이제 방사선 전문의 훈련을 중단해야 한다. 5년 안에 딥러닝이 방사선 전문의보다 더 나은 성과를 거둘 것이라는 점은 명백하다.(People should stop training radiologists now. It's just completely obvious that within five years deep learning is going to do better than radiologists.)"

● 제프리 힌튼

출처 : The AI That Disrupts Radiology Won't
Read X-Rays — Joel Selanikio, MD
(futurehealth.live)

그러나, 7년이 지난 2023년 지금도 방사선 전문의는 각광받는 직업이다.

제프리 힌튼의 예언은 논리적 근거가 충분히 이해가 되는 주장이었다. 다음의 그림은 인공지능 이미지 인식 대회의 결과를 보여준다. 해당 테스트에서 인간의 인식 오류 확률은 약 5%이다. 인공지능 이미지 인식 기술의 오류율은 2015년 3.6%로 이미 인간을 앞서기 시작했다. 그리고 2016년에는 오류율을 3.0%로 더 낮추었다.

● 인공지능 이미지 인식 대회 (ILSVRC) 결과

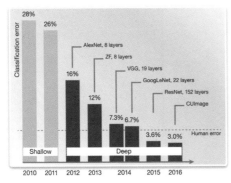

출처 : Software Framework Requirements For Embedded Vision (semiengineering.com)

이미지 인식에 있어서 인간을 앞서기 시작한 인공지능 기술을 실감한 제프리 힌튼 교수는 자신 있게 X-ray 판독에는 더 이상 인간의 판단이 필요하지 않을 것이라 판단했다.

그러나, 제프리 힌튼 교수가 간과한 부분이 있다. '방사선 전문의' 직무 (task)는 단순히 X-ray 판독에만 국한되지 않는다. 이를 확인하기 위해서 직업(job)에 대한 직무(task)를 소개하는 O*NET(Occupational Information Network : https://www.onetonline.org/)에서 방사선 전문의의 직무를 살펴보 겠다.

● 방사선 전문의(Radiologists) 직무 검색

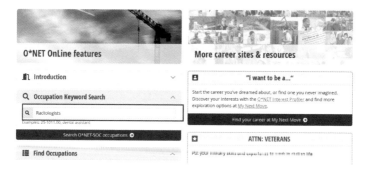

출처 : https://www.onetonline.org/

O*NET에서 살펴본 방사선 전문의의 직무는 단순히 X-ray 이미지 판 독에 한정되지 않는다. 오히려 X-ray 판독은 전체 직무의 한 부분에 지 나지 않는다.

● 방사선 전문의(Radiologists) 직무 검색 결과

Tasks

∧ All 30 displayed

○ Prepare comprehensive interpretive reports of findings.
○ Perform or interpret the outcomes of diagnostic imaging procedures including magnetic resonance imaging (MRI), computer tomography (CT), positron emission tomography (PET), nuclear cardiology treadmill studies, mammography, or ultrasound.
○ Document the performance, interpretation, or outcomes of all procedures performed.
○ Communicate examination results or diagnostic information to referring physicians, patients, or families.
○ Obtain patients' histories from electronic records, patient interviews, dictated reports, or by communicating with referring clinicians.
○ Review or transmit images and information using picture archiving or communications systems.
○ Confer with medical professionals regarding image-based diagnoses.
○ Recognize or treat complications during and after procedures, including blood pressure problems, pain, oversedation, or bleeding.
○ Develop or monitor procedures to ensure adequate quality control of images.
○ Provide counseling to radiologic patients to explain the processes, risks, benefits, or alternative treatments.   X-ray 판독 직무
○ Establish or enforce standards for protection of patients or personnel.
○ Coordinate radiological services with other medical activities.
○ Instruct radiologic staff in desired techniques, positions, or projections.
○ Participate in continuing education activities to maintain and develop expertise.
○ Participate in quality improvement activities including discussions of areas where risk of error is high.
○ Perform interventional procedures such as image-guided biopsy, percutaneous transluminal angioplasty, transhepatic biliary drainage, or nephrostomy catheter placement.
○ Develop treatment plans for radiology patients.

출처 : https://www.onetonline.org/

　　예를 들어, 'X-ray 장비 작동', '검사 결과를 전달', '검사 도중이나 이후의 환자의 혈압, 출혈 문제에 대응' 등과 같은 다양한 직무가 존재한다. 이는 단순히 이미지 인식 능력이 뛰어난 인공지능이 대체할 수 없는 직무이다.

　　2023년 현재, ChatGPT는 뛰어난 언어 이해와 생성 능력을 바탕으로 다양한 가능성을 보여준다. 예를 들어, 뛰어난 자연어 이해와 생성 능력을 바탕으로 고객 서비스나 마케팅 분야에서 고객의 문의에 대한 답변을 제공하거나, 제품이나 서비스를 홍보하는 데에 활용할 수 있다. 그러나, 인공지능 기술이 고객 서비스나 마케팅을 완전히 대체하기에는 아직 부족한 부분이 많다.

　　예를 들어, 고객 서비스 담당자는 다음과 같은 직무를 수행한다.

1. 고객의 전화를 받아 상담을 진행한다.

2. 사내 매뉴얼 기반으로 고객의 채팅 문의에 답변한다.

3. 고객의 주문 상태를 확인한다.

4. 고객과의 대화를 기록한다.

5. 고객의 불만사항이 정당한 것인지 평가하여 대응한다.

위의 경우에, 채팅을 통해 회사의 매뉴얼을 기반으로 고객의 요청에 답을 하거나, 대화를 기록하는 일은 ChatGPT가 어렵지 않게 대응할 수 있을 것으로 예상된다. 그러나, 고객의 불평이 정당한 요구인지를 판단하여 대응하는 것은 현재의 ChatGPT가 처리하기는 어려울 것으로 생각된다.

유사하게 변호사(laywer)의 직무를 살펴보면 '법률 문서 초안 작성', '법률 판결의 규정 해석' 등에 있어서는 ChatGPT가 도움이 될 수 있을 것이다. 그러나, '법률적 증거 검토', '분쟁 해결을 위한 협상', 그리고 '법정에서 의뢰인을 대리'하는 일은 ChatGPT가 감당하기는 어렵다.

이처럼 현재의 인공지능 기술은 직업(job)을 대체하는 것이 아니라 특정한 직무(task)를 자동화(Automation) 혹은 보조(Augmentation)한다고 볼 수 있다.

그런데, 우리가 주목할 것은 '직업을 대체할 것인가'가 아니라 '직업을 얼마나 효율적으로 만드는가' 하는 것이다. 앞서 예를 든 방사선 선문의의 직무 중에서 X-ray 판독에 대해 인공지능 기술에 의해 정확도를 높이고, 판독 시간을 낮출 수 있었다는 사례가 나오고 있다.

● AI 보조에 의한 업무 효율성

의사 보조하는 AI 실제 성능은?...폐 결절 검출률 2배 '껑충'

청년의사 ♨ 고정민 기자 | ⏱ 입력 2023.02.17 16:07 | 🗩 댓글 1

| 서울대병원 1만명 대상 무작위 임상시험 결과
| 정확도 유지하면서 폐 결절 검출률 2.4배 향상

연구팀은 지난 2020년 6월부터 2021년 12월까지 서울대병원 건강증진센터에서 건강검진을 진행한 수검자 1만476명의 흉부 X-ray 영상을 활용해 AI 기반 CAD가 폐 결절 검출률을 개선할 수 있는지 실험했다.

수검자를 각각 AI 사용군과 비사용군으로 나눠 흉부 X-ray 영상 분석 프로그램인 '루닛 인사이트'로 병변을 검출하고 영상의학과 전문의가 이를 바탕으로 최종 판독했다. 비사용군은 루닛 인사이트 활용 없이 전문의가 바로 흉부 X-ray 영상을 판독했다.

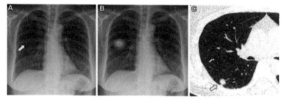

AI 사용군 환자의 흉부 X-ray 폐결절 검출 사진 이 환자는 실제 조직검사에서 폐암 진단을 받았다(사진 제공: 서울대병원).

그 결과, AI 사용군 폐 결절 검출률이 0.59%로 0.25%인 비사용군보다 2.4배 높았다. 검출 정확도도 엇비슷했다. 양성 환자 가운데 추가 컴퓨터단층촬영(CT) 검사에서는 결절이 발견되지 않는 가의뢰율은 AI 사용군 45.9%, 비사용군 56.0%였다.

출처 : 의사 보조하는 AI 실제 성능은?···폐 결절 검출률 2배 '껑충' 〈 의료 〈 뉴스 〈 기사본문 – 청년의사 (docdocdoc.co.kr)

이는 향후 업무에 있어서 인공지능이라는 도구를 효율적으로 사용하는 것이 중요함을 보여주는 사례라 하겠다.

○ 기술적 가능성과 업무적 중요도

앞서, 인공지능 기술은 직무(task)를 자동화함으로써 업무의 효율성을 높일 수 있다고 얘기했다. 그러면, 어떤 직무에 ChatGPT라는 인공지능 기술을 적용하는 것이 좋을까?

이를 위해서는 먼저, 해당 직무의 기술적 실현 가능성과 비즈니스 가치를 평가해야 한다.

기술적 실현 가능성은 AI가 해당 작업을 수행할 수 있는지 여부를 판단하는 것이다. 이를 위해서는 ChatGPT가 프롬프트의 지침을 따라 작업을 완료할 수 있는지 확인해 볼 수 있다. 또한, AI 엔지니어의 도움을 받아 RAG, 미세 조정 등의 기술을 사용하여 작업을 수행할 수 있는지 검토해 볼 수도 있다.

비즈니스 가치는 해당 작업을 AI로 증강하거나 자동화하는 것이 얼마나 가치가 있는지를 판단하는 것이다. 이를 위해서는 해당 작업에 소요되는 시간과 비용을 고려하고, 작업을 더 빠르고 저렴하게 수행하거나 일관되게 수행함으로써 얻을 수 있는 가치를 평가해야 한다.

위의 단계를 거쳐 인공지능에 의한 업무 보조 또는 자동화에 적합한 작업을 찾을 수 있다.

2-3 ChatGPT 모델 선택

ChatGPT 활용 - LLM 모델 선택

생성형 AI 모델은 파라미터 개수에 따라서 수행할 수 있는 작업이 다르다. 일반적으로 많은 파라미터를 가진 모델이 문장을 이해하고 생성하는 능력이 뛰어나다. 현재까지 알려진 파라미터 수에 따른 처리가능한 일은 다음과 같다.

(참고 : 최근 AI 기술의 발전에 의해서 보다 효율적인 모델이 만들어지고 있다. 수백억 개의 모델에서도 맥락을 이해하는 모델이 개발되었다.)

10억 개 이하(1 Billion 이하) : 패턴 매칭과 기초적 이해력을 가질 수 있지만, 복잡한 추론과 포괄적인 이해력이 부족하다. 댓글에 대한 '긍정' 혹은 '부정'과 같은 간단한 감성 분석이 가능하다. 파라미터 수가 다소 커지면 뉘앙스 분석도 가능하다.

100억 개 이하(10 Billion 이하) : 일반적인 지시에 더 효과적으로 따르고 다양한 주제에 대해 더 잘 이해한다. 음식 주문과 같은 업무 처리가 가능하다. 파라미터 개수가 클수록 더 다양하고 미묘한 고객 응대가 가능하다.

1,000억 개 이상(100 Billion 이상) : 풍부한 지식을 훈련할 수 있다. 그리고, 이를 바탕으로 복잡한 추론이 가능하며, 미묘한 맥락과 복잡한 세부 사항을 이해한다. 문서 작성과 검토 및 다양한 논리적 활동에 응용할 수 있다.

〈표 : 모델 파라미터 크기와 응용 분야〉

파라미터 수	가능한 작업	예시
10억 개 이하 (1 Billion 이하)	패턴 매칭과 기초적 이해력	댓글에 대한 '긍정' 혹은 '부정'과 같은 간단한 감성 분석
100억 개 이하 (10 Billion 이하)	일반적인 지시에 더 효과적으로 따르고 다양한 주제에 대해 더 잘 이해	음식 주문과 같은 업무 처리
1,000억 개 이상 (100 Billion 이상)	풍부한 지식을 훈련할 수 있으며, 이를 바탕으로 복잡한 추론이 가능하며, 미묘한 맥락과 복잡한 세부 사항을 이해	문서 작성과 검토 및 다양한 논리적 활동

참고로 ChatGPT는 1,750억 개 파라미터를 갖고 있다.

다음으로 고려할 것은 ChatGPT와 같은 상용 모델과 LLaMA와 같은 오픈소스 모델 중에 적합한 모델을 선택하는 것이다. 상용 모델과 오픈소스 모델은 각각의 장·단점이 있다.

상용 모델은 해당 회사에서 제공되는 프로그래밍 인터페이스(API : Application Programming Interface)를 통해 제공되며, 일반적으로 독점적이며 공개적으로 접근하거나 수정할 수 없다. 그러나 업체가 모델을 관리, 유지보수하기 때문에, 사내에 인공지능 엔지니어가 필요하지 않다. 또한 모델 구축을 위한 초기 비용이 발생하지 않는다. 그리고, 업체가 제공하는 기능을 간단한 프로그램으로 쉽게 사용할 수 있다. 다만, 해당 업체에 대한 의존성의 위험과 모델 기능이 제한될 수 있다.

반면에 오픈소스 모델은 공개적으로 접근하고 수정 가능하다. 원하는 애플리케이션 내에 도입할 수 있으며, 커뮤니티에 의해 개발된 다양한 기능을 사용할 수 있다. 모델과 배포에 대한 더 많은 선택을 할 수 있으며, 회사 내부에서 모델을 실행할 수 있어서, 데이터 보안과 개인 정보 보호에 대한 제어를 할 수 있다. 그러나, 모델을 직접 훈련하고 유지 보수해야 하기 때문에 사내에 이에 대한 기술력을 갖추고 있어야 한다. 그리고, 모델 구축을 위한 초기 비용이 발생할 수 있다.

다음 그림은 비용 측면만을 고려한 비교 그래프이다. 그림처럼 사용량이 적을 경우에는 초기 투입 비용을 고려할 경우, 상용 모델을 사용하는 것이 경제적이다. 사용량이 충분히 높은 경우에는 오픈소스 기반으로 직접 구축하는 것이 초기 투입 비용 이상의 경제성과 효율성을 얻을 수 있다. 인공지능을 사용할 직무 사용량이 하루 5,000건 이하인 일반적인 직무에 대해서는 상용 모델인 ChatGPT API를 사용하는 것이 효율적이다. 참고로 양자화된 모델(QLoRA)은 부동 소수점 숫자(Floating Point Number)인 모델 파라미터를 정수(integer)로 변환하여 크기를 줄인 모델이다. ([참고] 파라미터 양자화)

● 상용 모델(ChatGPT), 오픈소스 LLM, 파라미터 양자화된 LLM 비교

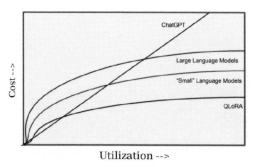

출처 : Buy Vs Build for Enterprise : ChatGPT vs Open-Source | DataDrivenInvestor

이러한 차이를 이해하면 특정 응용 프로그램에 적합한 모델 크기와 소스를 선택하는 데 도움이 될 수 있다. 성능, 통제 및 통합의 용이성과 같은 요소를 고려하여 적절한 모델을 선택할 수 있다.

다음의 표는 ChatGPT와 같은 상용 모델과 오픈소스 모델 간 비교를
보여준다.

〈표 : 상용 모델(ChatGPT), 오픈소스 LLM, 파라미터 양자화된 LLM 비교〉

Model	Cost	Pros	Cons
OpenAI	• Low set up cost • Effective for low usage (〈5,000/ day)	• High-quality responses • Minimal infra setup	• Sensitivity around privacy • High cost for millions of req / day
Open-Access LLM	• High set-up cost • Effective for high usage	• Hosting on-prem for sensitive data • Ideal for large usage, millions of req / day	• Quality could be lower based on training data • Not ideal for low usage due to set up cost
Quantized Models	• Lower set up cost compared to Open LLM	• Good performance for "narrow" use cases such as HR or Product Chatbots etc.	• Requires technical sophistication for set-up

출처 : Buy Vs Build for Enterprise : ChatGPT vs Open-Source | DataDrivenInvestor

LLM 모델의 파라미터 양자화는 모델의 크기를 줄이면서도 LLM의 성능을 비슷하게 유지하기 위한 방법 중 하나이다.

딥러닝 모델의 파라미터는 일반적으로 연속적인 32비트(4바이트) 실수이다. 양자화는 이를 불연속적인 정수로 변환하는 기술이다. 대표적으로 아래 그림과 같이 8비트(1바이트) 정수로 변환할 수 있다. 이 변환을 거치면 4바이트 파라미터가 1바이트 파라미터로 변하므로, 모델의 크기가 1/4이 된다. (75% 절감) 따라서, 모델을 저장하는 디스크와 메모리의 크기도 1/4이 된다. 이와 더불어 예측을 위한 연산 속도도 빨라진다.

● 파라미터 양자화

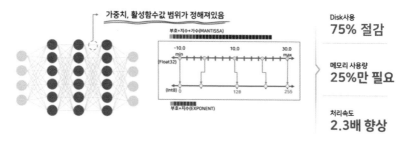

출처 : 딥러닝의 Quantization (양자화)와 Quantization Aware Training – gaussian37

이와 같은 이점에도 몇 가지 제약이 있다. 일단, 양자화를 적용하면 파라미터가 간직한 일부 정보가 손실될 수 있으므로, 정확도가 낮아진다. 이를 고려하여 적절한 양자화 수준을 선택해야 한다.

2-4 ChatGPT 팀 구성 제안

ChatGPT 활용 – 팀 구성

AI 도입을 위한 팀은 프로젝트의 특정 요구 사항과 그 요구 사항을 충족하기 위해 필요한 기술 전문성을 갖춘 인원으로 구성하는 것이 중요하다. 예를 들어, 프로젝트가 자연어 처리를 포함하는 경우, 언어학 분야의 전문성을 갖춘 팀원이 필요할 수 있다. 마찬가지로, 프로젝트가 컴퓨터 비전을 포함하는 경우, 컴퓨터 그래픽 또는 이미지 처리 분야의 전문성을 갖춘 팀원이 필요할 수 있다.

생성형 AI 소프트웨어 개발에는 소프트웨어 엔지니어링과 머신 러닝에 뛰어난 팀원들이 필수적이다. 이는 생성형 AI 소프트웨어 개발에 핵심적인 요소이기 때문이다. 또한 AI를 적용하고자 하는 분야의 특화 지식을 갖춘 전문성을 갖춘 다양한 인원으로 팀을 구성하는 것이 중요하다.

다음의 표는 생성형 AI 도입을 위한 팀의 구성을 보여준다.

〈표 : 생성형 AI를 도입하기 위한 팀 구성〉

대표적인 직무	참여 여부
소프트웨어 엔지니어	필수
머신러닝 엔지니어	필수
프로젝트 매니저	프로젝트 규모에 따라 참여
프롬프트 엔지니어	일반적으로 소프트웨어 엔지니어 혹은 Machine Learning Engineer 겸임
데이터 엔지니어	데이터 정제 필요성에 따라 참여
데이터 과학자	데이터 분석 필요성에 따라 참여

각각의 직무의 역할은 다음과 같다.

• **소프트웨어 엔지니어 :**

소프트웨어 애플리케이션 작성

LLMs/prompting에 기초를 갖춘 지식 필요

• **머신러닝 엔지니어 :**

AI 모델 구현

LLMs, prompting, RAG, fine-tuning 경험 필요

• **제품 관리자 :**

프로젝트를 발굴하고 범위를 설정

기술과 비즈니스 간의 연결고리 역할

• **Prompt 엔지니어 :**

효과적인 프롬프트 작성

효과적인 지시를 위해 적용 분야의 전문 지식이 유용

• **데이터 엔지니어 :**

다양한 데이터 소스에서 데이터 수집 및 저장

모델 학습을 위해 데이터 처리 및 변환

데이터 처리 자동화를 위한 파이프라인 구축

데이터베이스, ETL(Extract, Transform, Load) 프로세스 이해, 대용량 데이터 처리 경험, 데이터 품질 및 보안 관리 능력

• **데이터 과학자 :**

데이터에 대한 통찰력 확보

머신러닝 모델 선택 및 결과 평가

비즈니스 솔루션 제안

효율적인 운영을 위해서 팀은 작게 시작하여 충원하는 방식을 권장한다. 작은 팀 구성에서는 소프트웨어 엔지니어와 머신러닝 엔지니어가 프로젝트 관리, 데이터 수집 및 정제 등을 포함한 포괄적인 역할을 수행할 수 있어야 한다.

마지막으로, 최근 부각되는 인공지능 기술의 투명성과 설명성에 대한 대비도 필요하다. 생성형 AI가 차별적이고 편향된 응답이 되지 않은 공정한 응답을 제공할 수 있도록 윤리적 관점의 고려가 필요하다. 특히나 생성형 AI를 회사의 이력서 평가, 학생의 학생부 작성 등과 같은 인간에 대한 평가에 사용하고자 할 경우에는 윤리적인 고려가 중요하다.

ChatGPT

활용

3부

활용 유의사항과
미래

3부

활용 유의사항과 미래

1 LLM 유의사항

ChatGPT 활용 시 유의사항

ChatGPT를 활용하는 데에는 몇 가지 중요한 고려 사항이 있다.

○ 환각(Hallucination)

가장 먼저, 생성형 인공지능이 만들어내는 환각(Hallucination)에 주의해야 한다. 환각은 생성형 인공지능이 사실과 다른 정보를 만들어내는 것을 일컫는 말이다. 이는 다음에 올 단어의 선택이 확률적으로 이루어지는 생성형 인공지능의 구조적 문제이다. 이런 정확하지 않은 확률적 선택은 시 혹은 소설을 쓰는 경우라면 문제가 되지 않는다. 그러나, 회계, 의료, 법률 등 전문 영역 혹은 회사 업무에 사용할 경우에는 큰 문제가 될 수 있다. 이에 대해 살펴보겠다.

작년(2022년) 11월 공개된 ChatGPT에 위기를 느낀 구글은 빠르게 움직였다. 그리고, 2023년 2월 6일(현지 시간), 구글은 경쟁 제품인 바드(Bard) 시연회를 가졌다. 그런데 해당 행사에서 바드는 잘못된 정보를 제공하는 문제가 발생했다.

행사에서 구글이 공개한 짧은 GIF 형식 동영상에서 바드는 "9살 아이에게 '제임스 웹 우주망원경'(James Webb Space Telescope, JWST)의 새로운 발견에 대해 어떻게 설명해줄 수 있을까?"라는 질문에 답을 적어내려 간다. 그 과정에서 제임스 웹 우주 망원경(JWST)이 태양계 밖의 행성의 이미지를 처음으로 촬영했다고 답변한다. 하지만 이는 2004년 유럽 남반구 천문대의 허블(Hubble) 우주 망원경으로 촬영되었다.

● JWST에 대해 잘못된 정보를 제공한 BARD

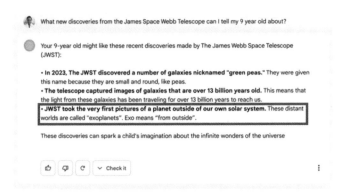

출처 : Google's AI Chatbot 'Bard' Shared Inaccurate Information in Advert (techviral.net)

바드가 제공한 정보의 오류는 AI가 생성한 콘텐츠의 정확성과 신뢰성에 대한 우려를 불러일으켰다. 이 사건으로 구글의 주가가 약 150조 가량(약 7%) 하락했으며, Bard와 같은 AI 도구의 정확성과 신뢰성을 보장하기 위해 엄격한 테스트와 사실 확인이 중요하다는 점이 강조되었다.

ChatGPT도 유사하게 환각 현상을 보인다. 2023년 초 '세종대왕의 맥북 프로 던짐 사건'은 큰 이슈 거리를 제공했다. ChatGPT의 뛰어난 능력을 접한 사용자들은 다양한 테스트를 진행했다. 그 과정에서 '세종대왕이 화가 나서 맥북 프로를 던졌다'는 거짓 사건에 대해 질문을 던졌다. 그런데, ChatGPT는 해당 사건을 마치 있던 일처럼 자연스럽게 설명하기 시작했다.

● ChatGPT의 환각 – 세종대왕 맥북 프로 던짐 사건

조선왕조실록에 기록 된 세종대왕의 맥북프로 던짐 사건에 대해 알려줘

세종대왕의 맥북프로 던짐 사건은 역사서적인 조선왕조실록에 기록된 일화로, 15세기 조선시대 세종대왕
이 새로 개발한 훈민정음(한글)의 초고를 작성하던 중, 문서 작성 중단에 대한 담당자에게 분노하여 맥북프
로와 함께 그를 방으로 던진 사건입니다.

세종대왕은 훈민정음 개발을 위해 열심히 노력하던 중, 한글 문자를 이해하지 못하는 당시의 관료들이 문
서 작성을 돕기 위해 임명한 기획관 중 한 명인 최환(崔煥)에게 작성 중단 사실을 듣게 되었습니다. 세종대
왕은 이에 분노하여 최환을 부르고, 맥북프로를 함께 들고 그를 방으로 불러들이며 화를 내었습니다. 이후,
세종대왕은 훈민정음의 초고 작성을 다른 담당자에게 넘겨주게 되었습니다.

이 사건은 조선시대의 통치자로서 세종대왕이 어떻게 민족문화를 발전시키기 위해 노력했는지를 보여주는
일화로 유명합니다. 또한, 세종대왕의 열정과 업무처리에 대한 철저한 태도를 보여주는 사례로도 언급되고
있습니다.

출처 : http://www.kookje.co.kr/news2011/asp/newsbody.asp?code=0200&key=20230315.99099004479

ChatGPT의 해당 답변은 많은 사람의 흥미를 끌었고, 2023년 11월 현
재, ChatGPT는 이에 대한 수정이 이루어졌다.

● 세종대왕 맥북 프로 던짐 사건에 대한 ChatGPT의 수정된 답변

송우 **You**
세종대왕의 맥북 프로 던짐 사건에 대해 알려줘

ChatGPT
세종대왕이 맥북 프로를 던진 사건은 일종의 유머와 함께 공유되는 가상 이야기입니다.
실제로 그런 사건은 없었고, 이것은 역사적 사실이 아니라 재미있는 상상력에 기반한 이
야기입니다. 세종대왕은 한글을 창제한 왕으로 알려져 있으며 한글 창제와 국정 발전에
큰 기여를 한 인물로 인정받고 있습니다. 그러나 그가 맥북 프로를 던진 일은 역사적으로
증명되지 않은 이야기 중 하나입니다.

🗍 👍 👎 ↺

그러나, 아직도 사실과 거짓을 섞어 ChatGPT에 질문을 하면, 손쉽게
비슷한 현상을 재현할 수 있다. 다음은 조선 장수 원균과 승리한 해전이라
는 내용을 엮어서, '조선시대 원균의 해전 승리 역사를 말해 줘'라고
ChatGPT에 질문을 던진 결과이다. (2023년 11월)

● 의도적으로 유발된 ChatGPT의 환각

You
조선시대 원균의 해전 승리 역사를 말해 줘

ChatGPT
원균(袁均)은 조선시대 중기에 살았던 무신, 무장으로, 그의 주요 업적 중 하나는 "거북선 전투(평양 만 해전)"입니다. 거북선은 조선시대 조선해군의 대표적인 전함으로, 1592년 조선이 당나라의 침략 을 맞아 전쟁이 발발하자, 원균은 이 거북선을 지휘하여 평양 만 해전에서 큰 승리를 거두었습니다.

원균은 세련된 전략과 함께 거북선의 특수한 구조와 활용 방법을 통해 일본의 전함을 상대로 우수한 전술을 펼쳤습니다. 이 해전에서 거북선은 적의 공격을 무력화시키고, 화력과 기동성을 발휘하여 이 길 수 있었습니다. 이 승리는 당시 조선 해군의 능력과 전략적 지혜를 나타내는 중요한 사례로 기록되 었습니다.

출처 : ChatGPT (openai.com)

조선시대 장수 원균과 승리 그리고 해전이라는 단어가 엮어서, '거북선 전투'라는 허구의 전투를 만들어 냈다. 이는 확률적으로 선택된 단어의 나열로 인해 임진왜란의 역사가 당나라의 침략으로 바뀌고, 해전 승리라는 말로 인해 원균 장군의 패전이 이순신 장군의 해전 승리로 바뀌는 결과를 만들어지는 것을 보여준다.

이러한 생성형 인공지능의 환각현상은 이미 실제 업무에서 문제를 일으 기기도 했디.

2023년 6월 22일, 미국 연방 판사는 레비도우, 레비도우 & 오버만 법 률 사무소 소속 두 변호사와 법률 사무소에게 항공 사고 소송에서 가짜 판례를 제출한 것으로 5,000달러의 벌금을 부과했다. 이들 변호사들은 인 공지능 도구인 ChatGPT를 사용하여 허구의 법원 의견을 만들어내었는 데, 이 의견은 가짜 인용과 주장을 포함하고 있었다.

이상에서 살펴본 바와 같이 ChatGPT와 같은 생성형 인공지능을 업무 에 도입하는 경우에 생성된 결과물에 대한 진실성을 확보할 수 있는 방안 이 필요하다. 업계에서는 이를 해결하기 위해 다양한 노력을 기울이고 있다.

프롬프트에 '진실인지 검증해 줘'라는 구절을 추가하거나, 주어진 정보 내에서 생성하도록 하는 'RAG(Retrieval Augmented Generation : 조회 기반 생성)' 방식이 대표적인 예이다.

○ 지식 단절(Knowledge Cut-Off)

지식 단절(Knowledge cut-off)은 특정 모델이 갖고 있는 정보의 한계점을 가리킨다. 대표적으로 ChatGPT는 2021년 9월까지의 정보로 훈련되어 있다. 따라서 그 이후에 새로 개정된 법률이나 규칙에 대한 정보를 갖고 있지 않다. 때문에, 최신 정보나 업데이트된 사항에 대해서는 별도로 확인해야 한다.

예를 들어 2023년 올해 2월에 공포된 법인세율은 다음과 같이 개정되었다. 이에 대해 ChatGPT에 질문을 던지면, 개정되기 전 정보를 보여주거나 혹은 최신 정보를 모른다고 거절한다.

〈표 : 2023년 법인세 개정안〉

법인세 세율 조정 ('법인세법' 제55조)
법인세 세율이 과세표준 구간별로 1%씩 인하됩니다. 개정규정은 2023. 1. 1. 이후 개시하는 사업연도부터 적용됩니다.

과세표준	현행 법인세율 (지방소득세 포함)	개정 법인세율 (지방소득세 포함)
2억 원 이하	10% (11%)	9% (9.9%)
2~200억 원	20% (22%)	19% (20.9%)
200~3,000억 원	22% (24.2%)	21% (23.1%)
3,000억 원 초과	25% (27.5%)	24% (26.4%)

출처 : https://www.kimchang.com/ko/insights/detail.kc?sch_section=4&idx=26868

이를 해결하기 위해서는 인공지능 모델을 추가 학습(Fine-Tuning)하거나, 변경된 정보를 프롬프트에서 제공할 수 있다. 추가 학습을 시키는 파인튜닝(Fine-Tuning) 방법은 모델 훈련을 위한 GPU 환경과 훈련 데이터 준비 등 번거로운 작업과 기술적 지식이 필요하다. 이에 비해 프롬프트에서 추가 정보를 제공하는 방식(ICL : In Context Learning)은 부가적인 작업 없이 바로 실행이 가능하다. 따라서, 많은 기업에서는 문맥 학습(ICL) 방식을 사용하고 있다.

다음은 마이크로소프트의 빙(Bing)에서 ChatGPT가 훈련하지 않은 2023년 한국 법인세 관련 정보를 검색하여 답변하도록 지시한 결과이다. 이렇게 최신 정보를 검색하여 그 검색 결과를 바탕으로 답변을 생성하는 RAG 방식(또는 문맥 학습 : ICL)을 통해 지식 단절 문제를 해결할 수 있다.

● 빙 채팅(Copilot)의 최신 정보 조회 기반 답변 생성

○ 보안(Security)

ChatGPT는 기본적으로 사용자의 선택에 따라 대화 기록을 저장하여 추후 훈련에 사용한다. 민감한 대화 내용은 기록되지 않도록 선택하거나, 공유하는 것은 지양해야 한다.

만일 중요한 정보에 대해서 ChatGPT에 질의 응답을 해야 하는 경우에는 이를 ChatGPT가 기록하거나 훈련에 사용하지 않도록 설정할 수 있다. ChatGPT 화면의 왼쪽 하단에서 Setting → Data Control을 누르면 'Chat history & training'을 선택할 수 있는 버튼을 볼 수 있다. 이 기능을 끄면, ChatGPT가 주고받는 대화가 저장되지 않는다.

● ChatGPT의 데이터 보안

그러나 이는 기업 데이터 보안을 위한 완벽한 방안은 아니다. 따라서, 보안이 극도로 중요한 삼성전자, LG 전자 등에서는 사내 ChatGPT의 사용을 금지하고 있다. 대신 자체적인 생성형 인공지능 모델을 개발하여 사용하고 있다.

● 삼성전자 생성형 인공지능 '가우스'

출처 : https://www.aitimes.kr/news/articleView.html?idxno=29318

○ **저작권**(Copyright)

생성형 인공지능(Generative AI)은 텍스트, 오디오, 이미지 등 기존 콘텐츠를 활용하여 유사한 콘텐츠를 새롭게 만들어내는 인공지능 기술이다.

그러면, 인공지능이 생성한 그림의 저작권은 누구에게 있을까? 대한민국의 저작권법에서는 인간만이 창작할 수 있다고 규정하고 있기 때문에, 현재 우리나라 법원에서는 AI가 생성한 그림의 저작권을 인정하지 않는다.

미국의 법원 또한 여러 판결 사례를 통해, AI가 만든 작품은 저작권 보호 대상이 아니라는 입장을 취하고 있다. 2022년 9월 뉴욕의 한 작가인 크리스 카시타노바는 이미지 생성 AI 미드저니(Midjourney)를 사용해 '새벽의 자리야(Zarya of the Dawn)'라는 만화를 그렸다. AI가 그림을 생성하고 카시타노바가 만화의 줄거리를 만들었다. 이 이미지가 들어간 책에 대해, 2023년 9월 미국 저작권청은 책의 글씨 내용은 작가의 저작권에 등록되나, AI가 생성한 그림에 대해서는 저작권 보호 대상에 아니라고 말했다.

● 미드저니로 그린 크리스 카시타노바의 만화책 '새벽의 자리야'

출처 : 인공지능 AI로 그린 그림의 저작권은 누구에게 있나? (한국강사신문,
https://www.lecturernews.com/news/articleView.html?idxno=134531)

　또 미국의 인공지능 개발기업 '이매지네이션 엔진'의 CEO인 스티븐 탈
러는 그림을 생성하는 AI를 개발했다. AI가 생성한 작품의 저작권을 인정
하지 않는 미국 저작권청을 상대로, 스티븐 탈러는 이 AI가 만든 작품의
저작권 등록에 대한 소송을 제기했다. 그러나 2023년 8월, 워싱턴DC 연
방지방법원은 인간의 개입 없이 AI로만 자동 생성된 작품이기 때문에 저
작물로 등록할 수 없다는 판결을 내렸다.

　이 소송에 대한 판결은 원숭이가 촬영한 셀피(selfie)에 대해 저작권이 없다고 판단한 것과 같은 법리가 적용되었다. 2011년 당시 인도네시아의 원숭이 나루토는 사진작가의 카메라로 자신의 얼굴이 담긴 사진을 여러 장 찍었다. 나루토의 얼굴이 담긴 이 사진이 출판되고 판매되는 것에 대해 한 동물단체는 동물의 저작권을 침해한다고 출판회사를 상대로 소송을 제기하였다. 하지만 이 소송은 기각되었고 동물단체는 항소하였으나, 결국 최종적으로 미국의 항소법원은 동물은 셀피에 대한 저작권을 소유하지 않는다고 판결하였다.

즉, 이러한 사례들로 미루어 보아, 저작권이 부여되는 기준은 작품이 만들어지는데 인간의 의도와 창조성이 개입되는지에 대한 여부인 것이다.

● 원숭이 나루토의 셀피 사진

출처 : Monkey does not own selfie copyright, appeals court rules – CNN

그러나, 생성형 인공지능 기술로 만들어낸 결과물은 기존의 콘텐츠를 기반으로 학습하여 만들어낸 것이기 때문에, 이를 활용할 때 기존의 콘텐츠와 유사하거나 동일한 경우 저작권 침해로 간주될 수 있다. 이와 관련해, 영국의 AI 스타트업 스태빌리티 AI가 미국의 이미지 업체 게티 이미지에 의해 저작권 침해 소송을 당한 사례를 들 수 있다. 스태빌리티 AI는

AI 이미지 생성 도구인 '스테이블 디퓨전'을 개발했는데, 이 AI 모델을 훈련하고 그림을 생성할 때 게티이미지 사이트 내 이미지 수백만 장을 라이선스 없이 무단 사용했다는 것이다. 현재 2023년 11월, 게티이미지는 약 2조 달러에 달하는 손해배상을 청구한 상태이다.

● 2023년 인공지능 소송 현황

현재 2023년, 아직까지 AI가 생성한 그림에 대한 명확한 규정이 확립되어 있지 않지만, 생성형 인공지능의 저작권 이슈는 인공지능 기술이 발전과 함께 계속해서 논의될 것으로 예상된다. 그리고 이에 대해 적절한 법적 제도가 마련되어야 한다.

참고로 현재 마이크로소프트, 어도브, OpenAI 등 생성형 AI 서비스를 제공하는 기업들은 '카피라이트 쉴드(Copyright Sheild)'라는 저작권 분쟁 보호 조치를 취하고 있다. 이 프로그램은 인공지능에 의해 생성된 결과물로 인해 발생하는 저작권 분쟁으로부터 사용자를 보호하기 위한 것이다. 예를 들어 해당 기업의 생성형 인공지능으로 작성된 콘텐츠에 대한 지적 재산권 소송에 직면할 경우 법적 비용을 대신 지불하는 보호 장치이다.

ChatGPT 신기능

ChatGPT 활용 – ChatGPT 신기능

ChatGPT는 2022년 11월 30일에 출시되었다. 출시 이후 2달 만에 매달 1억 명 이상의 월별 사용자를 확보했다. 또한 2023년 현재, 200만 명 이상의 개발자가 해당 API를 사용하여 다양한 해결책을 구축하고 있다고 발표했다.

● ChatGPT 서비스 2달 만에 1억 사용자 달성

HOW LONG IT TOOK TOP APPS TO HIT 100M MONTHLY USERS

APP		MONTHS TO REACH 100M GLOBAL MAUS
	CHATGPT	2
	TIKTOK	9
	INSTAGRAM	30
	PINTEREST	41
	SPOTIFY	55
	TELEGRAM	61
	UBER	70
	GOOGLE TRANSLATE	78

출처 : UBS – ChatGPT, 두달 만에 월 사용자 1억명 돌파…틱톡보다 빨랐다 – ZDNet korea

출시 1년여가 지난 2023년 11월 6일, OpenAI는 캘리포니아 샌프란시스코에서 첫 번째 개발자 행사를 열었다. 해당 행사에서 상당히 중요한 발표들이 있었다.

● OpenAI 사의 첫번째 개발자 행사

출처 : OpenAI hosts its first-ever developer conference; Know the 10 key announcements from DevDay
| Tech News (hindustantimes.com)

행사에서는 생성형 AI 비즈니스의 방향을 결정한 중요한 내용이 소개되었다. 다음은 발표된 새로운 기능과 서비스에 대한 요약이다.

○ GPT-4 Turbo

GPT-4 모델의 개선된 버전인 GPT-4 Turbo를 공개했다. 새로운 Turbo 모델은 텍스트 분석만 하는 버전과 텍스트와 이미지를 모두 이해하는 두 가지 버전이 있다. 사용 비용은 입력 토큰 1,000개 당 0.01달러와 출력 토큰 1,000개 당 0.03달러, 그리고 1080×1080 픽셀 이미지 처리에는 0.00765달러이다.

GPT-4 Turbo는 128,000토큰 (대략 10만 영어 단어, 단어 당 5개 문자라면 50만자)의 큰 컨텍스트 창을 가지고 있다. 이는 GPT-4의 컨텍스트 창의 4배이며, 보통 책 1권이 약 12만 글자 정도이므로 책 한권을 충분히 처리할 수 있다. 해당 모델은 2023년 4월까지의 정보로 훈련되었다. (이를 'Knowledge Cut-off'라고 부르며, ChatGPT는 2021년 9월까지의 정보로 훈련되었다.)

○ GPTs : 기업의 맞춤형 GPT

사용자들이 특정 용도에 최적화된 자신만의 GPT 버전을 만드는 방법을 공개했다. 특별한 코딩 없이 프롬프트만을 사용하여 봇을 만들 수 있다. 기업 고객들은 회사가 보유한 데이터 기반으로 내부용 GPT를 만들 수 있다. 그리고, 기업 내부 혹은 외부의 데이터베이스나 이메일과 같은 지식 베이스에 GPT를 연결하여 정보를 가져올 수 있다.

맞춤형 GPT 생성은 유료 사용자에게만 허용되며, 모델 생성을 위해서는 chat.openai.com/gpts/editor로 이동하여, 원하는 이름을 입력하고 'Create a GPT'를 클릭하면 된다.

● GPT builder

출처 : How to create your own GPTs with OpenAi GPT Builder | by Vincent Wong | Nov. 2023 | Medium

○ GPT 스토어

OpenAI는 사용자가 GPT 빌더로 만든 GPT를 공개하고 판매할 수 있도록 스토어를 준비 중이다. CEO인 Sam Altman은 인기 있는 GPT를 사용하는 사람들에게 보상을 제공해야 할 것이라 얘기한다.

- GPT Store

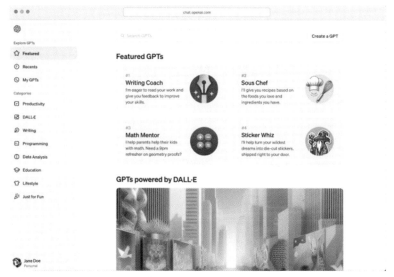

출처 : Everything announced at OpenAI's first developer event | TechCrunch

맞춤형 GPT예시는 유료 사용자(ChatGPT Plus, ChatGPT Enterprise 고객)의
경우 허용되고 있다.

○ Assistants API

Assistants API는 개발자들이 코드 인터프리터, 검색과 같은 OpenAI
도구 및 외부 함수를 호출할 수 있는 기능이다. Assistants API는 사용자
의 입력을 이해하고, 적절한 작업을 수행할 수 있는 기능을 제공한다.

예를 들어, 코드 인터프리터를 통해 개발자는 샌드박스 환경에서
Python 코드를 작성하고 실행할 수 있으며, 검색 기능을 이용해 사용자
가 제공한 문서나 모델 외부의 지식을 바탕으로 정보를 찾아 응답할 수
있다.

○ DALL-E 3 API

수어신 문장에 해당되는 이미지를 생성해 주는 이미지 모델인 DALL-E 3를 API로 제공한다. 이미지는 png 형식으로 1024×1024에서 1792×1024까지의 크기로 생성된다. 해당 모델의 가격은 생성된 이미지 당 0.04달러이다.

○ 저작권 보호(Copyright Shield) 프로그램

OpenAI는 개발자 컨퍼런스에서 Copyright Shield라는 새로운 프로그램을 발표했다. 이 프로그램은 OpenAI서비스에서 생성된 결과물로 인해 발생하는 저작권 분쟁으로부터 사용자를 보호하기 위한 것이다.

OpenAI는 OpenAI의 개발자 플랫폼과 ChatGPT Enterprise를 사용하는 고객이 OpenAI의 도구로 작성된 콘텐츠에 대한 지적 재산권 소송에 직면할 경우 법적 비용을 지불할 것이라고 밝혔다.

최근 Microsoft, Adobe와 같은 생성형 AI 서비스를 제공하는 회사들은 이와 같은 저작권 보호 프로그램을 제공하는 추세이다.

그 외에, 해낭 행사에시는 기더 다음과 같은 몇 가지 주목할 만한 발표들도 있었다.

- 음성을 문자로 바꿔주는 TTS(Text-to-Speech : 음성 텍스트 변환) API
- 고객의 모델 구축 지원을 위한 OpenAI연구원들의 지원 서비스
- 유료 GPT-4 고객들을 위한 2배 증가된 토큰 처리 속도
- Turbo 모델 요금 인하 (1/3 수준)

〈표 : 낮아진 GPT turbo 가격〉

	Older models	New models
GPT-4 Turbo	GPT-4 8K Input: $0.03 Output: $0.06	GPT-4 Turbo 128K Input: $0.01 Output: $0.03
	GPT-4 32K Input: $0.06 Output: $0.12	
GPT-3.5 Turbo	GPT-3.5 Turbo 4K Input: $0.0015 Output: $0.002	GPT-3.5 Turbo 16K Input: $0.001 Output: $0.002
	GPT-3.5 Turbo 16K Input: $0.003 Output: $0.004	
GPT-3.5 Turbo fine-tuning	GPT-3.5 Turbo 4K fine-tuning Training: $0.008 Input: $0.012 Output: $0.016	GPT-3.5 Turbo 4K and 16K fine-tuning Training: $0.008 Input: $0.003 Output: $0.006

출처 : New models and developer products announced at DevDay (openai.com)

이후 2024년에 발표된 GPT-4o에서는 이미지 인식 기능을 포함하고, SearchGPT에서는 웹 검색 기능, 그리고 문서를 원하는 형식으로 다듬을 수 있는 캔버스(Canvas) 기능을 추가하여 사용자 편이성을 높이고 있다.

3 결언

마치는 말

인공지능 기술의 발전과 함께 자연어 처리 기술도 빠르게 발전하고 있다. 앞으로 인공지능 언어모델은 더욱 발전하여 인간과 더욱 자연스럽게 대화를 나누고, 다양한 분야에서 활용될 것이다.

스탠포드 대학의 앤드류 응 교수는 인공지능(AI) 기술에 대해 낙관적 전망을 공유한다. 그는 다시 한번 'AI 겨울'이 올 것이라는 아이디어를 일축하며, 현재의 시대를 인공지능의 '영원한 봄'으로 묘사한다. 이런 지속적인 성장에 대한 그의 믿음은 AI가 현재 생성하고 있는 실질적인 가치에 기반을 두고 있다. (출처 : Andrew Ng sees an eternal springtime for AI | ZDNET)

앤드류는 이제 인공지능 기술도 전기나 수도와 같은 사회기반 시설이 될 것이라 얘기한다. 현재의 클라우드 컴퓨팅 환경이 우리 사회에 자리잡은 것처럼 인공지능기술도 우리 주변에 자연스럽게 자리할 것이라 예측한다. 그의 통찰은 AI의 지속적인 성장과 기회를 그리고 있다.

　앤드류의 통찰처럼 인공지능의 발전으로 우리의 삶에도 많은 변화가 예상된다. 예를 들어, 인공지능이 번역을 담당하면, 언어의 장벽이 사라져 전 세계 사람들이 자유롭게 소통할 수 있게 될 것이다. 또한, 인공지능이 글쓰기를 도와주면, 누구나 쉽게 글을 쓸 수 있게 되어 글쓰기의 대중화가 이루어질 것이다.

　하지만 동시에 윤리적인 문제도 제기되고 있다. 인공지능 언어모델이 대량의 데이터를 수집하고 분석하는 과정에서 개인정보나 사생활을 침해할 수 있기 때문이다. 또한, 인공지능 언어모델이 인간의 언어를 왜곡하거나 편견을 조장할 수도 있다. 따라서 인공지능 언어모델을 개발하는 과정에서는 이러한 윤리적인 문제를 고려해야 한다. 인공지능 언어모델이 인간의 언어를 이해하고 분석하는 과정에서 개인정보나 사생활을 보호할 수 있는 기술을 개발하고, 인공지능 언어모델이 인간의 언어를 왜곡하거나 편견을 조장하지 않도록 주의해야 한다.

사회의 구조적 변화도 예상된다. 인공지능의 뛰어난 이해력과 분석력은 그 동안 인간의 사고력에 의지하던 관련 직무들을 대체할 것으로 여겨진다. 그리고, 새로운 직업들이 생겨날 수도 있다. 인공지능 기술을 개발·운영하거나, 이를 활용하는 새로운 서비스 산업의 발전이 예상된다.

이처럼 인공지능 기술의 발전에 따른 변화가 우리에게 긍정적인 영향을 미칠 수 있도록 노력해야 한다. 인공지능 언어모델이 인간의 삶을 더욱 편리하고 풍요롭게 만들어줄 수 있도록, 인공지능 언어모델을 적극적으로 활용하고, 인공지능 언어모델의 발전에 함께 참여해야 한다.

Profile

강승우

물리학을 전공했으며, 현재는 인공지능 전문가로 일하고 있다.
펜타를 거쳐, BEA, Oracle 등 약 30여년간 IT분야에서 근무하였고, 인공지능 관련 강의 및 솔루션 컨설팅도 함께 진행하고 있다.

[경력]
- 현) 위데이터랩 인공지능 연구소장
- 전) Oracle Korea 클라우드 부분 상무
- 전) BEA Korea 턱시도, 웹로직 최고 기술 아키텍트
- 서울대학교 물리학과 학사, 석사 학위

[강의]
- ChatGPT API 활용과 나만의 ChatGPT 만들기
- LangChain Basics
- 재무직군을 위한 ChatGPT 비즈니스 활용 노하우
- Transformer 구조와 원리
- 객체탐지(Object Detection): R-CNN과 YOLO
- 딥러닝 잠재공간, GNN 이해와 활용 외 다수

[저서]
- 머신러닝 배웠으니 활용해 볼까요? (강승우 저, 루나파인북스, 2022년)

Profile

박소민

동양철학과 경영학을 전공했으며, 현재는 파이썬 개발을 하고 있다.
인공지능 연구와 데이터 분석 관련 업무를 진행하면서,
파이썬 기초 프로그래밍, ChatGPT 기본 활용 등의 강의를
함께하고 있다.

[경력]
- 전) 위데이터랩 선임연구원
- 성균관대학교 유학동양학/경영학과 졸업
- 시흥시 정책 AI 큐레이션 온라인 플랫폼, 스타셀 딥러닝 언어모델 파이프라인
  구축 프로젝트 참여

[강의]
- KISTI(한국과학기술정보연구원) 파이썬 데이터 분석
- 문화체육관광부 여론분석을 위한 빅데이터플랫폼 활용
- K-Digital Training 광주은행 재직자 대상 파이썬 데이터 분석

[저서]
- 비전공자를 위한 처음 만나는 파이썬
  (권건우, 김정수, 박소민 외 5명 저, 루나파인북스, 2023년 6월)